Sylvie Brunet

BAUDELAIRE

en un clin d'œil !

F1RST
ÉDITIONS

ISBN : 978-2-412-03325-8
Dépôt légal : janvier 2018
Imprimé en Italie

Correction : Anne-Lise Martin
Maquette intérieure : Sophie Boscardin

Éditions First, un département d'Edi8
12, avenue d'Italie
75013 Paris - France
Tel. : 01 44 16 09 00
Fax : 01 44 16 09 01
Email : firstinfo@efirst.com
Site internet : www.editionsfirst.fr

Sommaire

Préambule

La célébration du cent cinquantième anniversaire de la mort de Charles Baudelaire en 2017 a ramené dans la pleine lumière les très nombreux qualificatifs prêtés au poète depuis le XIXe siècle. Petit tour d'horizon : poète moderne, anti-moderne, dandy, bohème, bizarre, singulier, hermétique, mélancolique, pessimiste, amer, malsain, dépravé, macabre, démoniaque, imprévisible, pétri de contradictions, révolté, incompris, génie, maître à penser… ASSEZ !

Et si, faisant fi de la surabondance des étiquettes que lui ont apposées ses contemporains et la postérité, on convoquait, pour une fois, le poète Baudelaire en lui laissant la parole ?

Pour permettre à Charles Baudelaire de s'exprimer ici à la première personne, nous avons puisé *ad libitum* dans sa correspondance et dans ses œuvres ses propres phrases et expressions, qui seront transcrites en italiques. Par souci d'authenticité, on a également choisi d'adopter l'orthographe qui était la sienne lorsqu'il écrivait les mots les plus chers à son cœur : « poëme », « poëte », « poësie »…

À l'issue de cette autobiographie fictive en raccourci, on plongera dans la deuxième partie *in medias res*, au cœur des poèmes eux-mêmes, avant d'examiner dans la dernière partie des facettes moins connues mais tout aussi importantes dans l'identité du poète Baudelaire.

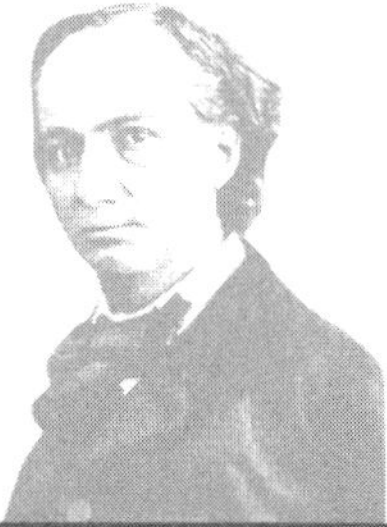

Première partie

QUI EST BAUDELAIRE ?

Devant le miroir

Hypocrite lecteur, mon semblable, mon frère! Pour avoir vu les photographies qu'a prises de moi Nadar et mon portrait peint par Courbet, tu crois bien me connaître… Mes lèvres minces, serrées, mes cheveux rejetés en arrière pour découvrir mon large front, et mon sombre regard pénétrant se sont à jamais gravés dans ta mémoire, tout comme mon allure de dandy, toujours paré d'un habit noir, d'une chemise en fine toile très blanche, où éclate une cravate couleur sang de bœuf, d'un chapeau haut de forme et de gants rose pâle.

Mais que sais-tu de moi en vérité? Rien, ou si peu des souffrances que j'ai eu à endurer de ma naissance à Paris, le 9 avril 1821, jusqu'à ma mort, dans ma quarante-sixième année, le 31 août 1867 à Paris.

Aussi, ô toi mon lecteur du XXIe siècle, si tu veux apprendre quelle fut la vie de l'auteur de ces vers qui t'émeuvent tant aujourd'hui, arrête un instant ta course dans ce monde du progrès forcené – que je honnissais déjà il y a un siècle et demi –, et accorde-moi toute ton attention!

Douce enfance

Vieux mobilier Louis XVI, antiques, consulat, pastels, société dix-huitième siècle: tout, dans notre maison située au 13 de la rue Hautefeuille, semble appartenir au siècle précédent. Mon père, Joseph-François Baudelaire, a déjà soixante ans lorsqu'il épouse en 1819 ma mère, Caroline Dufaÿs, âgée de vingt-six printemps. Veuf, il a un fils, Alphonse, né en 1805 de sa première union. À ma naissance, en 1821, mon père se consacre exclusivement à la peinture, mais je sais qu'à l'issue de ses études de théologie, il a d'abord été ordonné prêtre avant de choisir la voie laïque qui a mené ce républicain convaincu jusqu'au poste de chef des bureaux de la préture du Sénat.

C'est lui, assurément, qui m'a sensibilisé aux arts dès ma petite enfance, et je lui en sais gré, même si cette initiation complice fut trop brève, puisqu'il meurt en 1827, avant que j'aie atteint ma sixième année. Entre-temps, Alphonse, mon demi-frère, que nos différences d'âge et de caractère ne me rendront jamais proche, est devenu avocat et s'apprête à s'envoler du nid familial pour se marier.

Commence alors ce qui m'apparaîtra plus tard comme la plus heureuse période de ma vie : ma mère, *à la fois une idole et un camarade, est uniquement à moi*, et *je l'aime passionnément.*

> *Je me souviens d'une promenade en fiacre* avec ma mère. *Elle sortait d'une maison de santé où elle avait été reléguée, et elle me montra, pour me prouver qu'elle avait pensé à son fils, des dessins à la plume qu'elle avait faits pour moi.*
>
> *J'aimais ma mère pour son élégance.* Ayant *longtemps baigné dans la molle atmosphère de la femme, dans l'odeur de ses mains, de son sein, de ses genoux, de sa chevelure, de ses vêtements souples et flottants,* je fais partie de ces hommes qui, *élevés par les femmes et parmi les femmes, ne ressemblent pas tout à fait aux autres hommes.* De la sorte, *je veux dire que le goût précoce du monde féminin,* mundi muliebris, *de tout cet appareil ondoyant, scintillant et parfumé, fait les génies supérieurs.*

Et je n'ai pas non plus oublié l'autre élément féminin de mon enfance, incarné par la présence maternante de Mariette, et je lui rendrai justice et hommage dans ce poëme que tu connais sans doute par cœur, cher lecteur :

La servante au grand cœur dont vous étiez jalouse,
Et qui dort son sommeil sous une humble pelouse,
Nous devrions pourtant lui porter quelques fleurs.

L'ombre du général

Hélas! le duo idyllique interprété avec ma mère ne dure guère, et c'est la partition d'un trio qu'il me faudra bientôt exécuter, puisque ma mère, qui a le sens indéniable des réalités, renonce au bout d'un an et demi à son veuvage pour se remarier avec le commandant Aupick. Si « Baudelaire », qui – attention! – *s'écrit sans e au commencement*, semble évoquer une caresse prolongée sur l'échine d'un chat, « Aupick » ne peut être qu'un instrument pointu et blessant!

J'ai d'abord l'espoir que les exigences de sa carrière militaire tiendront M. Aupick fréquemment et longuement éloigné du domicile conjugal, mais je déchante vite en découvrant que nous devons déménager pour le suivre, lorsqu'il est nommé à Lyon. On me met en pension au collège, où je me languis doublement : de ma mère et de Paris ! *Sentiment de solitude, dès mon enfance. Malgré la famille – et au milieu des camarades surtout –, sentiment de destinée éternellement solitaire.* Mes résultats scolaires s'en ressentent et je perçois, dans le regard attristé de ma mère, la réprobation austère de celui que j'appelle *mon ami, mon père* et parfois même *papa.*

La crainte que mon beau-père m'inspirait. Je l'ai cependant aimé, et d'ailleurs j'ai aujourd'hui assez de sagesse pour lui rendre justice. Je voudrais tant lui plaire, le contenter ! À mes yeux d'enfant, il incarne alors la perfection, la volonté, l'action réfléchie. Je le vois comme une montagne en plein soleil, un jardin qui donne tous les fruits qu'on attend… Et jamais je ne cesserai d'admirer son aptitude, gouvernement après gouvernement, à toujours maintenir la barre, même dans les turbulences de la tempête, vers le cap de la réussite !

Heureusement, pour avoir écrasé la révolte des canuts, M. Aupick est promu colonel et nous rentrons bientôt à Paris. Ce ne sera que la première étape d'une longue carrière qui volera résolument de lauriers en galons. Carrière qui, à mon grand dam, absorbera ma mère dans d'incessants déménagements vers des appartements de fonction parisiens ou étrangers, puisque son mari sera tour à tour chef d'état-major de la 1re division militaire, général de brigade, commandant de l'École polytechnique, ambassadeur de France à Constantinople puis à Madrid, sénateur.

Une scolarité en dents de scie

Moi, je suivrai toute cette agitation de loin, depuis le pensionnat du collège Louis-le-Grand, où je m'applique de toutes mes forces à être cet élève brillant qu'on attend de moi. Au prix d'efforts incessants pour conjurer ma paresse, ma nonchalance et ma distraction naturelles, j'y parviens même, mais la certitude de contenter enfin mes parents n'allège pas le poids qui m'accable : *je lis des livres que l'on me permet de prendre à la bibliothèque, je travaille, je fais des vers, mais ils sont détestables. Malgré cela, je m'ennuie.* Et l'avenir proche me paraît gros de menaces : *plus je vois approcher le moment de sortir du collège et d'entrer dans la vie, plus je m'effraie.* Quand je pense à *toutes les connaissances qu'il faudra acquérir, tout le mouvement qu'il faudra se donner pour trouver une place vide au milieu du monde...*

La rigidité du règlement m'est de plus en plus pénible et l'orage finit par éclater : après une scène mémorable où je tiens tête au proviseur, je suis renvoyé du collège ! J'affronte le chagrin de ma mère et la colère de mon beau-père. Il est décidé que je serai externe au collège Saint-Louis et logerai chez mon répétiteur. Le jour du baccalauréat arrive et je suis reçu, sans gloire aucune : *mon examen a été assez médiocre, excepté le latin et le grec – fort bien –, c'est ce qui m'a sauvé.*

Brève indépendance

Pour complaire à ma famille qui voudrait me voir embrasser la carrière d'un avenir bourgeois, j'accepte de mettre entre parenthèses mon projet d'être écrivain pour m'inscrire à l'École de droit. On mettra quelques mois à s'apercevoir que, tout absorbé que je suis à tisser des vers, des amitiés et des amours, je n'ai guère eu le temps de me pencher sur les questions juridiques ! En outre, l'argent qui m'est alloué pour mes études m'ayant filé entre les doigts sans que j'y prenne garde, je me retrouve bientôt dans une situation d'endettement préoccupante. Ma mère est aux cent coups, mon beau-père se drape de sévérité, mon demi-frère me fait la morale. Quelque chose me dit que les représailles ne tarderont pas…

Lointains horizons

En homme persuadé que tout problème a sa solution, le général Aupick prend des mesures radicales pour me couper de ce Paris où je me corromps : j'embarquerai sur le *Paquebot-des-Mers-du-Sud* à destination de Calcutta ! Le voyage durera un an et lorsque je reviendrai, je serai majeur et libre de jouir de la fortune que m'a léguée mon père :

Ces beaux et grands navires ne nous disent-ils pas :
Quand partons-nous pour le bonheur ?

Comment vous remercier, cher monsieur Aupick ? Offrir l'immensité du monde, la splendeur de l'infini à un poëte qui se cherche ! Quelle plus douce punition eussiez-vous pu imaginer ?

Homme libre, toujours tu chériras la mer !

Mais les éléments ne se laissent pas plus facilement dompter dans la réalité que dans les vers : ayant essuyé une tornade d'une violence inouïe, le *Paquebot-des-Mers-du-Sud* arrive en piteux état le 1er septembre 1841 à l'île Maurice. En attendant que le navire soit réparé, je me vois offrir l'hospitalité par une famille de notables de Port-Louis, les Autard de Bragard.

À mon hôtesse au maintien plein de grâce et de simplicité, je dédierai ce sonnet écrit à l'île Bourbon (ancien nom de La Réunion), intitulé *À une dame créole, qui sera mon tout premier poëme publié, en 1845* :

> *Au pays parfumé que le soleil caresse,*
> *J'ai vu sous un grand dais de tamarins ambrés,*
> *Et de palmiers où pleut sous les yeux la paresse,*
> *Une dame créole aux charmes ignorés.*

Ce séjour forcé parmi les splendeurs tropicales a étanché ma soif d'exotisme ; aussi, lorsque le *Paquebot-des-Mers-du-Sud*, enfin réparé, reprend la mer, j'ai déjà pris la décision que je n'irais pas plus loin, que je n'irais pas au terme du voyage – même s'il m'est arrivé, par la suite, tancé par tel ou tel de mes contemporains, de prétendre que j'étais allé au bout de l'aventure. Que m'apporterait de plus la vue des Indes ? J'ai fait le plein de sensations, de parfums, d'images riches en couleurs, et j'aurai largement de quoi nourrir toute une vie de poëmes. Ceux qui respirent l'appel du large (*L'Invitation au voyage*), la pleine mer (*L'Albatros*) ou la nature (*Correspondances, La Vie antérieure*) me viennent de là…

En outre, le pavé de Paris éclairé par la lumière des réverbères me manque à l'égal de ma mère. Mon retour prématuré, ma désobéissance à son mari lui porteront sans doute un rude coup, mais il faudra bien qu'elle comprenne, qu'ils comprennent tous que, même en étant ici, je serai toujours ailleurs, en tout cas pas là où ils me voudraient, ni dans le rôle qu'ils espéraient pour moi : *vraiment pour mon malheur, je ne suis pas fait comme les autres hommes. Je veux* leur *faire sentir sans cesse que je me sens comme étranger au monde et à ses cultes.* Que je revendique *le plaisir aristocratique de déplaire.* Que je ne veux rien d'autre qu'être homme de lettres, et *l'homme de lettres est l'ennemi du monde.*

Car, selon moi, *il n'existe que trois êtres respectables : le prêtre, le guerrier, le poëte. Savoir, tuer et créer. Les autres hommes sont faits pour l'écurie.*

Et j'aimerais par-dessus tout leur expliquer que *le poëte est l'intelligence par excellence, et l'imagination est la plus scientifique des facultés, parce que seule elle comprend l'analogie universelle, ou ce qu'une religion mystique appelle la correspondance.*

Le couperet de la famille

Le retour me semble plus grisant encore que le voyage !

Ayant atteint ma majorité, j'échappe à la conscription par un heureux tirage au sort et je prends possession des biens que m'a légués mon père.

> *J'ai été dès lors tout à fait abandonné. Je me suis épris uniquement du plaisir, d'une excitation perpétuelle ; les voyages, les beaux meubles, les tableaux, les filles, etc.*

Le dandy que je suis a enfin les moyens de soigner sa mise et ne se prive d'aucun raffinement pour y parvenir. De même, je multiplie les dépenses pour faire de mon logement à l'hôtel Pimodan, situé

17, quai d'Anjou, un lieu agréable et confortable pour y recevoir mes amis et ma mère (que je préfère désormais voir hors de la présence envahissante de son mari) :

> *Là, tout n'est qu'ordre et beauté, luxe, calme et volupté.*

Ma famille suit d'un œil inquiet mes munificences et ma liaison avec Jeanne Duval (alias Jeanne Lemer), une actrice mulâtresse dont la haute taille et le port souverain ne sont pas sans évoquer la belle Mme Bragard de Port-Louis. Mais lorsque le peintre Manet, que j'admire, fera en 1862 le portrait de ma *Vénus noire*, intitulé *Maîtresse de Baudelaire*, Jeanne, déjà malade, ne sera plus au zénith de sa beauté.

En quelques semaines, mon destin est scellé : ma mère a décidé de recourir à la justice pour m'éviter de dilapider tout mon héritage! Le 21 septembre 1844, j'apprends ainsi que Me Ancelle, notaire, a été nommé mon conseil judiciaire, et chaque sou que je dépenserai désormais devra avoir obtenu son accord préalable.

Je le savais déjà : *ma mère est fantastique ; il faut la craindre et lui plaire*, mais qu'elle puisse prendre une telle décision me fait une peine infinie. Je suis sûr qu'elle agit *conduite par une tendresse inquiète et persistante*. Elle *veut me conserver ce que j'ai malgré moi. Je le veux bien – je n'ai jamais eu l'intention de le dévorer en entier. Je suis prêt à* lui *livrer tous les moyens de me le garder. Excepté un pourtant, celui qu'*elle *a choisi*. C'est *celui qui répugne le plus odieusement à ma nature – des arbitres, des juges, des étrangers*.

À compter de ce jour-là, *obligé d'associer une idée aussi horrible à l'idée si douce d'une mère*, je ne connaîtrai jamais plus de repos, *assassiné par les dettes de ma jeunesse*.

Le piège se referme

Désormais, il me manquera toujours dix-neuf sous pour faire un franc et je m'endetterai sans cesse pour pouvoir m'habiller, me chauffer, me nourrir décemment. En vingt-cinq ans, je déménagerai pas moins de trente-trois fois, de meublés en garnis, migrant de la rive gauche à la rive droite, souvent contraint d'occuper deux logements à la fois pour semer la meute de mes créanciers. Ce Paris qui m'a tant manqué au loin deviendra mon seul horizon, et je ne connaîtrai que de rares échappées : vers Honfleur, où je nourrirai le rêve sans cesse différé de m'installer dans *la maison-joujou* que ma mère habitera après le décès de M. Aupick, en 1857 ; vers la Belgique, où j'espérerai, en vain, une reconnaissance de mon travail plus grande que celle qui m'aura été réservée dans mon propre pays.

Le paradis au féminin

Mais l'évasion immobile me sera procurée par plusieurs femmes : Jeanne, bien sûr, *la seule femme que j'ai aimée,* en qui *j'ai trouvé le repos, ma seule distraction,* dont je me séparerai dix fois mais que je n'abandonnerai jamais, quand, âgée et infirme, la *pauvre femme* n'aura plus d'autre soutien que moi.

Je t'adore à l'égal de la voûte nocturne,
Ô vase de tristesse, ô grande taciturne.

C'est à elle que je dédierai mes plus beaux poëmes, tels *Les Bijoux, Parfum exotique, Sed non satiata, Le Vampire, Le Balcon, La Chevelure, Je t'adore à l'égal de la voûte nocturne, Un fantôme.*

À Mme Sabatier, surnommée familièrement par Théophile Gautier « la Présidente », dont l'irréprochable plastique a été figée dans le marbre par le sculpteur Clésinger sous le titre *Femme piquée par un serpent*, pour la remercier de m'avoir ouvert les portes de son salon de la rue Frochot et celles de son cœur, je consacrerai : *À celle qui est trop gaie, Réversibilité, Confession, L'Aube spirituelle, Le Flambeau vivant, Que diras-tu ce soir... ?, Hymne, Tout entière, Le Flacon.*

Quant à Marie Daubrun, dont la blondeur et la grâce juvénile brûlent les planches du théâtre de la Gaîté, quoiqu'elle accorde ses faveurs au poëte Théodore de Banville, je lui offrirai : *Chant d'automne, À une Madone, Le Beau Navire, Le Poison, L'Invitation au voyage, L'Irréparable, Causerie, Ciel brouillé.*

Femmes et flacons

Ces trois-là ainsi que les autres, éphémères passantes, auront toutes en commun d'être des actrices, des modèles, des muses, qui, par l'éloignement que créent magiquement leur maquillage et leur costume, ont seules le pouvoir de toucher notre imaginaire. Car *nous aimons les femmes à proportion qu'elles nous sont plus étrangères.* Et qu'on ne vienne pas me parler des femmes qui se veulent égales aux hommes : *aimer les femmes intelligentes est un plaisir de pédéraste... Voyez George Sand. Elle est bête, elle est lourde, elle est bavarde. Je ne puis penser à cette stupide créature sans un certain frémissement d'horreur.*

Les *paradis artificiels* m'apporteront aussi régulièrement leur bienfaisante évasion, et j'aurai grand plaisir à écrire sur l'accroissement du moi et le dérèglement des sens provoqués par le vin, les alcools et le hachisch. Mais contrairement à une rumeur tenace, bien plus que de *la confiture verte*, c'est de l'opium que j'userai régulièrement, pour vaincre mes terribles douleurs à l'estomac. Ce qui ne m'empêchera pas, dans le désir de me donner des règles de vie, de prendre aussi souvent que possible la résolution d'*obéir aux principes de la plus stricte sobriété, dont le premier est la suppression de tous les excitants, quels qu'ils soient.*

Mais la plupart du temps, sache-le, cher lecteur, je serai *exténué. Pour rentrer dans les détails de santé, je n'aurai ni dormi, ni mangé depuis presque trois jours ; ma gorge* sera *serrée. – Et il* faudra *travailler.*

L'œuvre au noir

Je l'ai dit cent fois à ma mère : *au lieu de penser uniquement à l'argent, pense un peu à la gloire, au repos, et à ma vie.* Mais ma vie ne connaîtra de repos que lorsque j'aurai comblé cette attente que j'ai suscitée autour de moi, par une œuvre unique, exceptionnelle, qui m'apporterait la reconnaissance de mes pairs et la faveur du public.

Cependant, j'écris lentement, difficilement, douloureusement, je biffe, je réécris ; aussi, lorsque je me compare au prolixe Hugo, que j'ai vénéré dans ma jeunesse pour avoir porté en France le flambeau du romantisme, j'ai l'impression de ne rien faire. *L'oisiveté me tue, me dévore, me mange.* Je me dis sans cesse : *Si tu travaillais tous les jours, ta vie te serait plus supportable.* Mais *j'ai toutes les peines du monde à me mettre au travail.* Des idées de romans, de pièces de théâtre s'élaborent dans mon esprit, je les vois déjà dans tous les détails de leur réalisation, j'entends les réactions du public à leur parution, l'enthousiasme de la critique, et je n'aurais plus qu'à les transcrire sur le papier quand, déjà, elles s'évanouissent. Alors, tel un condamné, je reviens à mes vers, qui constituent *l'occupation la plus fatigante qui soit pour moi.*

Plusieurs fois, mes amis m'enjoignent d'ajouter quelques-uns de mes poëmes aux leurs pour la publication d'un recueil collectif, mais je m'y refuse. Je ne suis pas encore prêt, et surtout, je n'ai nulle envie de diluer mes vers taillés dans une matière incandescente parmi d'autres écrits d'inégale valeur.

Pourtant, je collabore régulièrement d'une plume alerte à plusieurs revues et journaux (*Corsaire-Satan*, *L'Esprit public*...), et la brochure que je publie sur le Salon de 1845 révèle un goût et un jugement artistiques très sûrs, qui ne feront que se confirmer dans mes écrits ultérieurs : *M. Delacroix est décidément le peintre le plus original des temps anciens et modernes.* C'est moi qui ferai connaître au grand public les écrits vénéneux du grand auteur américain Edgar Allan Poe, mon frère jumeau d'infortune, mort en 1849 *ivrogne, pauvre, persécuté, paria.* Mes traductions des *Histoires extraordinaires*, des *Aventures d'Arthur Gordon Pym*, et des

Nouvelles Histoires extraordinaires – que je peaufine à l'extrême grâce à ma bonne connaissance de la langue anglaise que ma mère, née à Londres, m'a inculquée dès mon enfance – connaîtront un succès extraordinaire et durable.

Le procès

Mais mon grand œuvre, dix fois annoncé sous des titres divers : d'abord *Les Lesbiennes* puis *Les Limbes*, enfin, sur la suggestion de mon ami romancier Hippolyte Babou en 1855, *Les Fleurs du mal*, dont je livrerai des échantillons à quelques journaux bien choisis, se fera attendre jusqu'en 1857. C'est l'éditeur Auguste Poulet-Malassis – nom que j'ai détourné amicalement en *Coco-Malperché* – qui les publie, accompagnées d'une dédicace au poëte Théophile Gautier, dont les vers ont formé mon oreille depuis l'adolescence.

Et comme un événement longuement attendu n'arrive jamais seul, mon beau-père décède. Cela lui épargnera le procès qui, quelques mois après celui de *Madame Bovary* de Flaubert, sera intenté à mon livre. Jugées attentatoires à la morale, mes *Fleurs*, dont l'architecture a été conçue avec un soin minutieux, sont frappées d'une lourde amende et amputées de six pièces : *Les Bijoux*, *Le Léthé*, *À celle qui est trop gaie*, *Delphine et Hippolyte* des *Femmes damnées*, *Lesbos* et *Les Métamorphoses du vampire*. Mais d'autres poëmes, que le ministère public proposait de mettre à l'index pour impiété, tels *Le Reniement de saint Pierre* – qui se conclut par ce vers tonitruant : *Saint Pierre a renié Jésus… il a bien fait !* – ou, non moins sulfureuses, *Les Litanies de Satan*, sont épargnés.

Seul contre tous

N'en déplaise à Rousseau, l'homme n'est pas naturellement bon, et c'est la bête à l'œuvre dans l'humain, la créature issue du péché originel que j'explore et dépeins dans mes vers, en me donnant pour tâche d'*extraire la beauté du Mal*. Mais tout se passe comme si on n'avait rien compris à mon entreprise : *odieux*, *repoussant*, *ignoble* sont les qualificatifs qui reviennent le plus souvent sous la plume des critiques, davantage attirés par les remous du procès que par le recueil lui-même.

En quelques semaines, on fait de moi *un loup-garou*, un fou, un débauché, un esprit satanique qui se complaît dans la luxure et la fange. *Un jour une femme me dit : « C'est singulier, vous êtes fort convenable ; je croyais que vous étiez toujours ivre et que vous sentiez mauvais. » Elle parlait d'après la légende.*

Et l'humiliation n'est pas moindre du côté des écrivains en place : Mérimée trouve mon livre *très médiocre*, Sainte-Beuve suggère comme pathologique *la tristesse qui ressort de mes pages*, Hugo me prodigue des encouragements convenus, qu'il renouvellera plus tard, non sans me féliciter de *doter le ciel de l'art d'on ne sait quel rayon macabre.*

Pour moi, *je me moque de tous ces imbéciles et je sais que ce volume, avec ses qualités et ses défauts, fera son chemin dans la mémoire du public lettré, à côté des meilleures poësies de Victor Hugo, de Théophile Gautier et même de Byron.*

Mais, je le sais déjà, le plomb ne sera pas transformé en or, pas de mon vivant en tout cas.

> *Comme j'ai un genre d'esprit impopulaire, je gagnerai peu d'argent, mais je laisserai une grande célébrité, je le sais.*

Contradictions et malentendus

Que de fois m'a-t-on reproché mes prises de position contradictoires, mes incohérences et mes volte-face ! Je les assume et les revendique bien haut. Et je dirais même que *parmi l'énumération nombreuse des droits de l'homme que la sagesse du XIXe siècle recommence si souvent et si complaisamment, deux assez importants ont été oubliés, qui sont le droit de se contredire et le droit de s'en aller !*

Vivre ou mourir ?

Tout enfant, j'ai senti dans mon cœur deux sentiments contradictoires, l'horreur de la vie et l'extase de la vie. Dichotomie qui m'accompagnera toute ma vie, puisque mon *goût très vif de la vie et du plaisir* est contrebalancé par un *tædium vitæ* (ennui, dégoût de vivre) omniprésent, qui me placera *sans cesse au bord du suicide.*

Le suicide est pour moi *une idée non pas fixe, mais qui revient à des époques périodiques.* Lors de ma première tentative, en juin 1845, j'essayais d'expliquer mon geste dans une lettre au notaire Ancelle que je chargeais de pourvoir aux besoins de Jeanne : *je me tue – sans chagrin. Je me tue parce que je ne puis plus vivre, que la fatigue de m'endormir et la fatigue de me réveiller me sont insupportables. Je me tue parce que je suis inutile aux autres – et dangereux à moi-même. Je me tue parce que je me crois immortel – et que j'espère.*

Mes dettes et cette situation d'assujettissement financier que j'endure, même si elles ne sont pas pour rien dans l'*angoisse qui me serre la gorge*, n'expliquent pas cette tentation. *Ma situation est atroce,* voilà la vérité. *Je suis seul, sans amis, sans maîtresse, sans chien et sans chat, à qui me plaindre. Je n'ai que le portrait de mon père, qui est toujours muet.* Aussi, *si je n'en ai pas strictement le droit, je crois que la quantité de douleurs que je subis depuis près de trente ans me rendrait excusable*… En même temps, j'en suis persuadé, *je ne puis pas me tuer sans avoir mis mes affaires en ordre.*

Mais je ne suis pas très éloigné de penser, comme l'a dit l'un des auteurs antiques qui me furent si chers dans ma jeunesse, le grand Sophocle, que « le meilleur, c'est de ne pas être né ».

Dieu ou Satan ?

Au reproche qu'on m'a fait d'avoir pris le parti de la laideur contre la beauté, du Mal contre le Bien, je répondrai qu'*il y a dans tout homme, à toute heure, deux postulations simultanées, l'une vers Dieu, l'autre vers Satan. L'invocation à Dieu, ou spiritualité, est un désir de monter en grade ; celle de Satan, ou animalité, est une joie de descendre.*

Ma mère, *toujours armée pour me lapider avec la foule*, s'est laissé convaincre de mon caractère démoniaque par le curé de Honfleur, qui a jeté au feu la seconde édition des *Fleurs du mal*, augmentée de trente-cinq pièces nouvelles, geste qui m'afflige et me révolte. *Il n'a même pas compris que le livre partait d'une idée catholique !*

Pourtant, *dès mon enfance*, j'ai eu *tendance à la mysticité. Mes conversations avec Dieu.*

Et je n'ai pas bougé de cette ligne de conduite : *faire tous les matins ma prière à Dieu, réservoir de toute force et de toute justice, me fier à Dieu pour la réussite de mes projets ; faire tous les soirs une nouvelle prière, pour demander à Dieu la vie et la force pour ma mère et pour moi.*

Je désire de tout mon cœur (avec quelle sincérité, personne ne peut le savoir que moi !) croire qu'un être extérieur et invisible s'intéresse à ma destinée ; mais comment faire pour le croire ?

Révolutionnaire ou réactionnaire ?

Avez-vous éprouvé la même joie que moi à voir un sergent de ville ou municipal crosser un républicain ? écrivais-je en 1846. On me verra pourtant, deux ans plus tard, me dresser sur les barricades, fusil au poing. Mais plus que pour la démocratie, je me battais contre l'ordre établi, je me battais contre l'engeance des juges, des notaires et l'armée. D'ailleurs, si l'on m'avait écouté, c'est le commandant de l'École polytechnique, le général Aupick, qu'on eût passé par les armes en priorité !

Je me souviens de *mon ivresse en 1848. De quelle nature était cette ivresse ? Goût de la vengeance. Plaisir naturel de la démolition. Ivresse littéraire ; souvenir des lectures.* Profitant de l'instauration de la liberté de la presse, je fonde avec quelques amis un journal, *Le Salut public*, qui expirera après son deuxième numéro.

Mon enthousiasme retombe bientôt, me laissant un goût amer : *1848 ne fut amusant que parce que chacun y faisait des utopies comme des châteaux en Espagne. 1848 ne fut charmant que par l'excès même du ridicule.* Et le coup d'État de Louis-Napoléon Bonaparte achève de m'éloigner de tout engagement. Ainsi, *le 2 décembre (1851) m'a physiquement dépolitiqué*, même si mon désintérêt fondamental pour la chose publique vient de plus loin, puisque, comme je l'ai toujours su, *je n'ai pas de conviction, comme l'entendent les gens de mon siècle, parce que je n'ai pas d'ambition.*

Mépris ou reconnaissance ?

S'agissant de ma place dans la société, je balance selon les moments entre deux attitudes.

Être un homme utile m'a toujours paru quelque chose de bien hideux. Convaincu de l'*éternelle supériorité du dandy*, je vois clairement *ce qu'il y a de vil dans une fonction quelconque.* Car *un dandy ne fait rien, un dandy doit aspirer à être sublime sans interruption*, ce qui exclut toute compromission, tous ces petits arrangements bas avec ceux qui détiennent un pouvoir et s'en servent pour imposer leurs idées.

En ce qui me concerne, *excepté Chateaubriand, Balzac, Stendhal, Mérimée, de Vigny, Flaubert, Banville, Gautier, Leconte de Lisle, toute la racaille moderne me fait horreur. Vos académiciens, horreur. Vos libéraux, horreur. La vertu, horreur. Le vice, horreur. Le style coulant, horreur. Le progrès, horreur.*

Pour reprendre la devise de César Borgia, je veux être *aut Cæsar, aut nihil* (ou César, ou rien du tout). Je pense qu'il faut *vouloir tous les jours être le plus grand des hommes.* Car *être un grand homme et un saint pour soi-même, voilà l'unique chose importante.*

D'un autre côté, je le reconnais, *j'ai une soif diabolique de jouissance, de gloire et de puissance. Cela, je dois le dire, est traversé souvent par le désir de plaire* à ma mère. Car, j'en suis bien conscient, *ma situation relative à l'honorabilité* est *épouvantable.*

Semblable à tout le monde, voilà comment m'aurait aimé ma mère, qui n'a *jamais apprécié ni connu mon âme.*

Pour qu'elle me voie enfin dans la position d'un homme respectable, je caresse l'espoir qu'on me décerne la Légion d'honneur, je suis prêt à affronter toutes les humiliations pour me glisser sous la coupole de l'Académie française parmi les Immortels, je m'imagine confortablement installé à la tête du théâtre de l'Odéon… Mais aucune de mes démarches ne prend une tournure favorable, aucun de mes désirs de stabilité ne prend corps dans la réalité.

Bah ! de toutes façons, *les nations n'ont de grands hommes que malgré elles.*

Classique ou moderne ?

J'ai la tristesse de constater que mes *Fleurs du mal sont une valeur dormante, alors que dans une main habile elles auraient pu, depuis neuf ans, avoir deux éditions par an !*

Toutefois, pour plaire, il aurait fallu adopter *le style coulant, cher aux bourgeois.* Ou *créer un poncif, c'est le génie. Je dois créer un poncif.* En tout cas pas *une poësie profonde, mais compliquée, amère, froidement diabolique (en apparence)*, comme la mienne. De fait, *la France a HORREUR de la poësie, de la vraie poësie.*

Je me suis pourtant appliqué à être *toujours poëte, même en prose.* Si j'ai été fidèle aux formes anciennes (alexandrin, sonnet…), j'ai néanmoins réveillé les schémas académiques en y injectant des éléments considérés comme étrangers au registre poétique : métaphores et comparaisons réalistes (*comme un couvercle*, *comme une vieille orange*...), termes étrangers ou techniques (*spleen*, *macadam*, *remember*, *wagon*, *omnibus*...). J'ai dynamisé l'emploi de l'ancestral vers de douze syllabes en y multipliant les accidents par des enjambements, des rejets et des coupes, et j'ai apporté un soin tout particulier à ma ponctuation pour qu'elle serve *non seulement le sens, mais la déclamation.*

Dans les choix de mes sujets qui ont tant choqué mes contemporains, je n'ai jamais fait que reprendre et prolonger la tradition de la plus ancienne poësie française : ma *Charogne* ne fait-elle pas directement écho à la *Ballade des pendus* de Villon, et ma proximité constante avec la mort ne continue-t-elle pas toute la poësie du Moyen Âge ? Comment, obnubilé qu'on était par le fond, n'en a-t-on pas estimé la forme à sa juste valeur, pour établir que mon vers a la facture rigoureuse d'un hexamètre de Virgile ou d'Ovide, et la pureté cristalline d'un alexandrin de Racine ?

Ce mal du siècle

Ne te fourvoie pas, cher lecteur ! J'entends par ce titre non pas l'angoisse existentielle où les romantiques façonnèrent leur lyrisme, mais un mal vénérien connu depuis la fin du XVe siècle dont le nom évoque un berger des *Métamorphoses* d'Ovide (Syphilus), qui décima nombre de créateurs et artistes du XIXe siècle (Schubert, Flaubert, Tolstoï, Manet, Verlaine, Maupassant, Van Gogh… et moi !).

Une nuit que j'étais près d'une affreuse Juive,
Comme au long d'un cadavre un cadavre étendu…

En effet, *étant très jeune, j'ai eu une affection vérolique* – sans doute attrapée auprès de Sarah, alias Louchette, jeune prostituée aux yeux bigles –, *que plus tard j'ai crue totalement guérie. À Dijon, après 1848, elle a fait une nouvelle explosion. Elle a été de nouveau palliée. Maintenant elle revient et elle prend une nouvelle forme, des taches sur la peau, et une lassitude extraordinaire dans toutes les articulations.*

C'est effectivement un mal sournois, avec des phases de rémission, de silence, pendant lesquelles il se fait oublier, et on s'en croit définitivement débarrassé. Mais il vous attend à un tournant, il vous donne un rendez-vous à une date lointaine, auquel bon gré mal gré vous finirez par vous rendre. *Aujourd'hui 23 janvier 1862, j'ai subi un singulier avertissement, j'ai senti passer sur moi le vent de l'aile de l'imbécillité.*

Désireux de *fuir la face humaine, mais surtout la face française*, je m'installe en avril 1864 à Bruxelles. Mais *mon guignon* – ce qu'aujourd'hui vous appelleriez « la poisse » – m'y poursuit : les conférences que je donne n'ont pas le succès escompté et les grands éditeurs belges se dérobent à toute rencontre. Qu'à cela ne tienne, j'en concevrai un pamphlet intitulé *Pauvre Belgique !* où je proclamerai qu'*il est difficile d'assigner une place au Belge dans l'échelle des êtres. Cependant, on peut affirmer qu'il doit être classé entre le singe et le mollusque.*

Le grand rendez-vous aura finalement lieu au mois de mars 1866, dans l'église Saint-Loup que je visite à Namur avec des amis – dont mon fidèle éditeur, le bien nommé *Coco-Malperché*, qui, après sa faillite, s'est exilé en Belgique. Cette première alerte sera suivie d'autres attaques qui me laisseront bientôt à demi-paralysé, incapable de prononcer d'autres paroles distinctes qu'un rageur *crénom*!

Ma mère me ramène alors à Paris et m'installe dans une maison de santé du 16e arrondissement où elle vient me rendre visite tous les jours. Mais ses attentions rapprochées, que j'ai quémandées toute ma vie, m'étouffent bientôt, et elle regagne Honfleur en me laissant aux bons soins de mes amis. Mon état se détériore rapidement, jusqu'à l'issue fatale, le 31 août 1867.

Ô Mort, vieux capitaine, il est temps!
Levons l'ancre!
Ce pays nous ennuie, ô Mort! Appareillons!

L'enterrement a lieu le 2 septembre, en présence de quelques fidèles, et je suis inhumé dans le caveau familial au cimetière Montparnasse, en tête à tête avec M. Aupick dans l'attente que ma mère vienne nous rejoindre, quatre ans plus tard.

Dans la tranquillité du lieu, des voix de jeunes gens déclamant mes poëmes des *Fleurs du mal*, qu'ils connaissent mieux que moi, se font souvent entendre... Mais qu'est-ce que c'est que ce brouhaha à quelques mètres à peine? Tiens! voilà qu'on inaugure en octobre 1902 un monument funéraire, d'un intérêt esthétique qui me paraît extrêmement contestable, pour célébrer mon souvenir. Enfin !

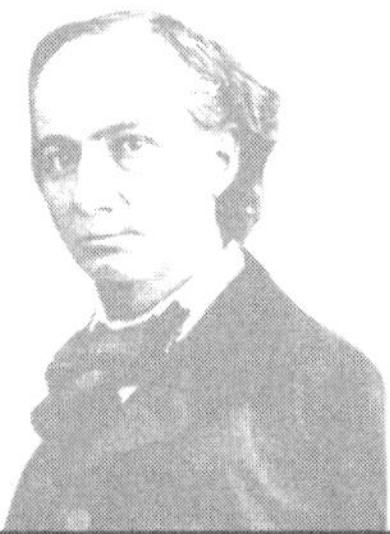

Deuxième partie

POURQUOI LIRE BAUDELAIRE ?

Pour le feu de sa poésie

Nous reprenons ici la plume des mains de Baudelaire pour essayer de faire entendre, en nous plaçant au plus près des textes, la juste tonalité rendue par son œuvre.

Un seul livre ?

Jamais la formule attribuée à Flaubert ne fut plus à propos : « *Les Fleurs du mal*, c'est moi ! » aurait pu s'écrier Baudelaire. « Dans ce livre atroce, j'ai mis tout mon cœur, toute ma tendresse, toute ma religion (travestie), toute ma haine », reconnaissait-il dans une lettre adressée à Me Ancelle, son conseil judiciaire. Il n'en était pas moins mortifié qu'on l'assimilât tout entier à son recueil et qu'on le présentât comme l'homme d'un seul livre, qui, de surcroît, était si peu épais qu'il redoutait qu'on le prît pour « une plaquette », comme il l'écrivait à son éditeur. Mais quel livre !

Les Fleurs du Mal est un feuilleton passionnant

Un livre qui l'a accompagné depuis sa prime jeunesse jusqu'à sa mort, un livre auquel il n'a cessé de travailler toute sa vie durant, un livre dont il revendique sans cesse l'importance et la modernité, un livre dont la publication constitue déjà, à elle seule, tout un poème!

Car le drame des *Fleurs du mal* se joue en cinq tableaux : en 1857, parution à 1 300 exemplaires du recueil de cent poèmes (en plus de l'adresse liminaire *Au lecteur*) qui déclenche le scandale; le 20 août 1857, procès et condamnation pour outrage à la morale publique et aux bonnes mœurs, qui le contraignent à une amende de 300 francs et à la suppression de six poèmes capitaux; nouvelle publication, en 1861, d'un ensemble de cent vingt-six poèmes, d'où les pièces censurées ont été retranchées; en 1866, parution à Bruxelles des *Épaves*, qui regroupe les pièces interdites; enfin, en 1868, quelques mois après la mort du poète, dans le cadre de l'édition de ses œuvres complètes, ses amis procèdent à une nouvelle édition des *Fleurs du mal*, qui compte cent cinquante et une pièces (toujours sans les poèmes censurés). Pour que le drame connaisse son dénouement, il faudra toutefois attendre jusqu'en 1949, date de révision du jugement, où la condamnation de 1857 sera annulée, établissant que « les poèmes faisant l'objet de la prévention ne renferment aucun terme obscène ou même grossier et ne dépassent pas, en leur forme expressive, les libertés permises à l'artiste ».

Qu'on en juge plutôt par l'un des six poèmes condamnés, *Les Bijoux*, dont l'érotisme fut jugé trop cru par son époque. Il dépeint une femme nue, lascive, parée de ses seuls bijoux.

Les Bijoux

La très chère était nue, et, connaissant mon cœur,
Elle n'avait gardé que ses bijoux sonores,
Dont le riche attirail lui donnait l'air vainqueur
Qu'ont dans leurs jours heureux les esclaves des Maures.

Quand il jette en dansant son bruit vif et moqueur,
Ce monde rayonnant de métal et de pierre
Me ravit en extase, et j'aime avec fureur
Les choses où le son se mêle à la lumière.

Elle était donc couchée, et se laissait aimer,
Et du haut du divan elle souriait d'aise
À mon amour profond et doux comme la mer
Qui vers elle montait comme vers sa falaise.

Les yeux fixés sur moi, comme un tigre dompté,
D'un air vague et rêveur elle essayait des poses,
Et la candeur unie à la lubricité
Donnait un charme neuf à ses métamorphoses.

Et son bras et sa jambe, et sa cuisse et ses reins,
Polis comme de l'huile, onduleux comme un cygne,
Passaient devant mes yeux clairvoyants et sereins ;
Et son ventre et ses seins, ces grappes de ma vigne,

S'avançaient plus câlins que les anges du mal,
Pour troubler le repos où mon âme était mise,
Et pour la déranger du rocher de cristal,
Où calme et solitaire elle s'était assise.

Je croyais voir unis par un nouveau dessin
Les hanches de l'Antiope au buste d'un imberbe,
Tant sa taille faisait ressortir son bassin.
Sur ce teint fauve et brun le fard était superbe !

— Et la lampe s'étant résignée à mourir,
Comme le foyer seul illuminait la chambre,

Chaque fois qu'il poussait un flamboyant soupir,
Il inondait de sang cette peau couleur d'ambre !

Un plan rigoureux

Si, à l'issue du procès retentissant, Baudelaire déplore de ne pas avoir été compris par ses contemporains, il est plus encore affecté par l'amputation des six poèmes majeurs, qui rompt l'équilibre architectural de l'œuvre, atteint dans la douleur, après plus de quinze années d'efforts. Il laisse éclater son amertume : « Et les maudites *Fleurs du Mal* qu'il faut recommencer ! Il faut du repos pour cela. Redevenir poëte artificiellement, par volonté, rentrer dans une ornière qu'on croyait définitivement creusée, traiter de nouveau un sujet qu'on croyait épuisé, et cela pour obéir à la volonté de trois magistrats ! » Ravalant son dépit, il remet cependant son ouvrage sur le métier pour engendrer, non pas six, mais trente-deux pièces nouvelles, et ajouter aux cinq sections de la première édition (« Spleen et Idéal », « Le Vin », « Fleurs du mal », « Révolte », « La Mort ») un sixième mouvement intitulé « Tableaux parisiens ». « Pour la première fois de ma vie, je suis presque content », admet le poète perfectionniste à la publication de cette seconde édition des *Fleurs du mal*, en 1861.

Le recueil est dédié à Théophile Gautier, rencontré lors d'une soirée du Club des hachischins, l'auteur des *Émaux et Camées*, que Baudelaire appréciait pour leur finesse de trait et leur perfection musicale :

AU POËTE IMPECCABLE
AU PARFAIT MAGICIEN ÈS LETTRES FRANÇAISES
À MON TRÈS-CHER ET TRÈS-VÉNÉRÉ
MAÎTRE ET AMI
THÉOPHILE GAUTIER
AVEC LES SENTIMENTS
DE LA PLUS PROFONDE HUMILITÉ
JE DÉDIE
CES FLEURS MALADIVES
C. B.

Baudelaire consacrera deux études fouillées « au poëte impeccable, à l'écrivain par excellence, qui a l'amour exclusif du Beau », et, par un juste retour, Théophile Gautier se chargera d'écrire, en 1868, l'introduction à la troisième édition des *Fleurs du mal* qui sera supervisée par Charles Asselineau et Théodore de Banville, après la mort du poète.

Suit la dédicace *Au lecteur*, qui place d'entrée de jeu l'homme sous l'emprise du péché et de l'ennui, dans un monde où le mal est tout-puissant. Baudelaire se servira de la virulence de ce prologue pour répondre à ses détracteurs que son livre, comme il le répétait, ne s'adressait pas à « ses femmes, ses filles ou ses sœurs » ni aux « femmes, filles ou sœurs de son voisin ».

Au lecteur

La sottise, l'erreur, le péché, la lésine,
Occupent nos esprits et travaillent nos corps,
Et nous alimentons nos aimables remords,
Comme les mendiants nourrissent leur vermine.

Nos péchés sont têtus, nos repentirs sont lâches ;
Nous nous faisons payer grassement nos aveux,
Et nous rentrons gaiement dans le chemin bourbeux,
Croyant par de vils pleurs laver toutes nos taches.

Sur l'oreiller du mal c'est Satan Trismégiste
Qui berce longuement notre esprit enchanté,
Et le riche métal de notre volonté
Est tout vaporisé par ce savant chimiste.

C'est le Diable qui tient les fils qui nous remuent !
Aux objets répugnants nous trouvons des appas ;
Chaque jour vers l'Enfer nous descendons d'un pas,
Sans horreur, à travers des ténèbres qui puent.

Ainsi qu'un débauché pauvre qui baise et mange
Le sein martyrisé d'une antique catin,
Nous volons au passage un plaisir clandestin
Que nous pressons bien fort comme une vieille orange.

Serré, fourmillant, comme un million d'helminthes,
Dans nos cerveaux ribote un peuple de Démons,
Et, quand nous respirons, la Mort dans nos poumons
Descend, fleuve invisible, avec de sourdes plaintes.

Si le viol, le poison, le poignard, l'incendie,
N'ont pas encor brodé de leurs plaisants dessins
Le canevas banal de nos piteux destins,
C'est que notre âme, hélas ! n'est pas assez hardie.

Mais parmi les chacals, les panthères, les lices,
Les singes, les scorpions, les vautours, les serpents,
Les monstres glapissants, hurlants, grognants, rampants,
Dans la ménagerie infâme de nos vices,

Il en est un plus laid, plus méchant, plus immonde !
Quoiqu'il ne pousse ni grands gestes ni grands cris,
Il ferait volontiers de la terre un débris
Et dans un bâillement avalerait le monde ;

C'est l'Ennui ! — l'œil chargé d'un pleur involontaire,
Il rêve d'échafauds en fumant son houka.
Tu le connais, lecteur, ce monstre délicat,
— Hypocrite lecteur, — mon semblable, — mon frère !

Les six parties qui composent le recueil semblent proposer les étapes successives d'un parcours spirituel :

- « Spleen et Idéal », qui est la section la plus longue avec 85 poèmes, montre comment dans l'homme « il y a, à toute heure, deux postulations, l'une vers Dieu, l'autre vers Satan ». Elle dépeint la grandeur et la misère de l'homme, ses aspirations à l'idéal bientôt mises en échec par la puissance du spleen.
- « Tableaux parisiens » (ajouté dans la deuxième édition), qui compte 18 poèmes, montre la solitude de l'homme dans la grande ville, sa tentative de faire corps avec l'autre restant vaine.

- « Le Vin », constitué de 5 poèmes, marque l'accession à un paradis artificiel et illusoire.
- « Fleurs du mal » (sans article) propose, en 9 poèmes, des tableaux vénéneux où dominent la luxure et le vice, qui engendrent le dégoût. C'est dans cette section que figuraient la plupart des vers censurés par le procès de 1857, notamment sur le lesbianisme (*Lesbos*).
- « Révolte » présente 3 poèmes qui faillirent être condamnés pour offense à la morale religieuse lors du procès, chef d'accusation qui fut finalement abandonné pour ne garder que l'outrage à la morale publique. Ce mouvement de l'homme pour se libérer de sa condition en se tournant vers Dieu aboutit à l'alliance avec le Diable.
- « La Mort », toutes les morts (des amants, des pauvres, des artistes) ont le dernier mot avec leurs 6 poèmes. La mort est l'ultime recours, qui console de tout, qui sauve de tout.

Le dernier poème de cette section, le plus long du recueil, dédié à Maxime Du Camp, écrivain ami de Flaubert, intitulé *Le Voyage*, invite le lecteur à reparcourir, en raccourci, dans une sorte de bouquet final, tous les degrés de cette prise de conscience proposée à l'homme par les différentes parties du livre. Il se solde également par le désabusement et la mort.

Le Voyage

À Maxime Du Camp

I

Pour l'enfant, amoureux de cartes et d'estampes,
L'univers est égal à son vaste appétit.
Ah ! que le monde est grand à la clarté des lampes !
Aux yeux du souvenir que le monde est petit !

Un matin nous partons, le cerveau plein de flamme,
Le cœur gros de rancune et de désirs amers,
Et nous allons, suivant le rythme de la lame,
Berçant notre infini sur le fini des mers :

Les uns, joyeux de fuir une patrie infâme ;
D'autres, l'horreur de leurs berceaux,
et quelques-uns,
Astrologues noyés dans les yeux d'une femme,
La Circé tyrannique aux dangereux parfums.

Pour n'être pas changés en bêtes, ils s'enivrent
D'espace et de lumière et de cieux embrasés ;

La glace qui les mord, les soleils qui les cuivrent,
Effacent lentement la marque des baisers.

Mais les vrais voyageurs sont ceux-là seuls
qui partent
Pour partir; cœurs légers, semblables aux ballons,
De leur fatalité jamais ils ne s'écartent,
Et, sans savoir pourquoi, disent toujours : Allons!

Ceux-là dont les désirs ont la forme des nues,
Et qui rêvent, ainsi qu'un conscrit le canon,
De vastes voluptés, changeantes, inconnues,
Et dont l'esprit humain n'a jamais su le nom!

[…]

VIII

Ô Mort, vieux capitaine, il est temps! levons l'ancre!
Ce pays nous ennuie, ô Mort! Appareillons!
Si le ciel et la mer sont noirs comme de l'encre,
Nos cœurs que tu connais sont remplis de rayons!

Verse-nous ton poison pour qu'il nous réconforte!
Nous voulons, tant ce feu nous brûle le cerveau,
Plonger au fond du gouffre, Enfer ou Ciel,
qu'importe?
Au fond de l'Inconnu pour trouver du nouveau!

Parce qu'il renouvelle la vision de l'homme

Souvent qualifiée de sombre et désespérée, la vision de l'homme délivrée par *Les Fleurs du mal* est fondamentalement manichéenne, s'articulant entre le *désir* spirituel *de monter en grade* et la *joie* animale *de descendre*, pour reprendre les termes du poète cités dans la première partie.

La perfection perdue

Selon Baudelaire, la condition humaine tient précisément dans cette tension entre le bien et le mal, entre l'avant de la chute et l'après du péché originel.

Féru de culture gréco-latine, il se souvient que, selon le poète grec Hésiode, dans *Les Travaux et les Jours*, les premiers temps de l'humanité furent un âge d'or, où les hommes, chéris des dieux, jouissaient de tout en abondance, vivant dans la joie et le calme sans connaître la vieillesse ni la mort.

Il en reste à l'homme corrompu des éclats, aussi pâles que les ombres qui se projettent au fond de la caverne de Platon. Les poèmes faisant revivre l'enfance avec la mère (*Je n'ai pas oublié…*) et « le vert paradis des amours enfantines » (*Mœsta et Errabunda*) parlent de cet éden perdu, qui peut aussi, sortant des limites rassurantes d'une vie humaine, s'enraciner dans une *Vie antérieure.*

Je n'ai pas oublié, voisine de la ville…

Je n'ai pas oublié, voisine de la ville,
Notre blanche maison, petite mais tranquille ;
Sa Pomone de plâtre et sa vieille Vénus
Dans un bosquet chétif cachant leurs membres nus,
Et le soleil, le soir, ruisselant et superbe,
Qui, derrière la vitre où se brisait sa gerbe,
Semblait, grand œil ouvert dans le ciel curieux,
Contempler nos dîners longs et silencieux,
Répandant largement ses beaux reflets de cierge
Sur la nappe frugale et les rideaux de serge.

Mœsta et errabunda

Dis-moi, ton cœur parfois s'envole-t-il, Agathe,
Loin du noir océan de l'immonde cité,
Vers un autre océan où la splendeur éclate,
Bleu, clair, profond, ainsi que la virginité ?
Dis-moi, ton cœur parfois s'envole-t-il, Agathe ?

La mer, la vaste mer, console nos labeurs !
Quel démon a doté la mer, rauque chanteuse
Qu'accompagne l'immense orgue des vents grondeurs,
De cette fonction sublime de berceuse ?
La mer, la vaste mer, console nos labeurs !

Emporte-moi, wagon ! enlève-moi, frégate !
Loin ! loin ! ici la boue est faite de nos pleurs !
— Est-il vrai que parfois le triste cœur d'Agathe
Dise : Loin des remords, des crimes, des douleurs,
Emporte-moi, wagon, enlève-moi, frégate ?

Comme vous êtes loin, paradis parfumé,
Où sous un clair azur tout n'est qu'amour et joie,
Où tout ce que l'on aime est digne d'être aimé,
Où dans la volupté pure le cœur se noie !
Comme vous êtes loin, paradis parfumé !

Mais le vert paradis des amours enfantines,
Les courses, les chansons, les baisers, les bouquets,
Les violons vibrant derrière les collines,
Avec les brocs de vin, le soir, dans les bosquets,
— Mais le vert paradis des amours enfantines,

L'innocent paradis, plein de plaisirs furtifs,
Est-il déjà plus loin que l'Inde et que la Chine ?

Peut-on le rappeler avec des cris plaintifs,
Et l'animer encor d'une voix argentine,
L'innocent paradis plein de plaisirs furtifs ?

Mais le poète est conscient que le vert paradis est devenu hors d'atteinte, et la fêlure qui l'en a éloigné ne lui permet plus que d'entendre, assourdies, les réminiscences de cet idéal perdu :

La Cloche fêlée

Il est amer et doux, pendant les nuits d'hiver,
D'écouter, près du feu qui palpite et qui fume,
Les souvenirs lointains lentement s'élever
Au bruit des carillons qui chantent dans la brume.

Bienheureuse la cloche au gosier vigoureux
Qui, malgré sa vieillesse, alerte et bien portante,
Jette fidèlement son cri religieux,
Ainsi qu'un vieux soldat qui veille sous la tente !

Moi, mon âme est fêlée, et lorsqu'en ses ennuis
Elle veut de ses chants peupler l'air froid des nuits,
Il arrive souvent que sa voix affaiblie

Semble le râle épais d'un blessé qu'on oublie
Au bord d'un lac de sang, sous un grand tas
de morts,
Et qui meurt, sans bouger, dans d'immenses efforts.

Poème à la loupe

La Vie antérieure

J'ai longtemps habité sous de vastes portiques
Que les soleils marins teignaient de mille feux,
Et que leurs grands piliers, droits et majestueux,
Rendaient pareils, le soir, aux grottes basaltiques.

Les houles, en roulant les images des cieux,
Mêlaient d'une façon solennelle et mystique
Les tout-puissants accords de leur riche musique
Aux couleurs du couchant reflété par mes yeux.

C'est là que j'ai vécu dans les voluptés calmes,
Au milieu de l'azur, des vagues, des splendeurs
Et des esclaves nus, tout imprégnés d'odeurs,

Qui me rafraîchissaient le front avec des palmes,
Et dont l'unique soin était d'approfondir
Le secret douloureux qui me faisait languir.

Ce sonnet appartient à la première partie des *Fleurs du mal*, « Spleen et Idéal ».

Dans la première strophe, les adjectifs suggèrent l'immensité et la noblesse du décor (« vastes, grands, majestueux »). On est embarqué dans un temps indéfini, dilaté (« longtemps »), où la répétition incessante des jours (« les soleils, le soir ») est la seule notion temporelle. Les éléments architecturaux (« portique, piliers ») évoquent l'ordonnancement d'un temple, d'un édifice de la Grèce antique (le Portique désignait l'école des stoïciens). Un décor, en tout cas, qui dépasse les dimensions de l'humain et qui impose l'harmonie jusque dans le rythme (régularité parfaite des quatre mesures de trois syllabes du premier alexandrin).

Les couleurs sollicitent l'œil de leur éclat profond (les « mille feux » aveuglants du soleil qui se réverbèrent dans l'eau, le noir minéral du basalte). La strophe qui s'ouvrait dans la pleine lumière se referme dans le secret de la grotte, où, dans la mythologie antique, nombre de dieux viennent cacher leurs amours ou le secret d'une naissance.

L'accord parfait

Le second quatrain amplifie la fusion de la mer et du soleil. Mais la palette s'enrichit d'un sens : le bruit ample des flots (« riche musique ») qui entre en harmonie avec la vue (« couleurs du couchant »). Le regard du poète, présenté à la première personne (« mes yeux »), qui fait irruption à la fin de la strophe, assiste à ce spectacle son et lumière comme à une cérémonie (« solennelle et mystique »), dont il devient lui-même officiant (« reflété par mes yeux »).

Dans les deux tercets, c'est le regard qui a pris le pouvoir et fait triompher la première personne (« j', me »). Le premier vers du tercet, avec les échos parfaitement cadencés des sonorités (**là-vé-cu**, **vo**lu**pté-ca**lme), suggère un équilibre et une douceur que les éléments charnels (« volupté, nus, odeurs »), comme assourdis (les voluptés sont calmes !), bien loin de les troubler, viennent renforcer. Ainsi, les « voluptés calmes » et les esclaves figés dans la réitération d'un mouvement d'éventement (« palmes ») accentuent l'impression de langueur et de bonheur étale. Le registre des sens s'est enrichi dans les tercets de l'odorat (« imprégnés d'odeurs ») et du toucher (fraîcheur de l'éventement). Il se dégage de cette scène une indolence toute orientale.

Les deux derniers vers du tercet ouvrent toutefois une brèche dans l'accord des sens, par un retournement final qui saisit le lecteur, bercé par les gestes rythmiques des esclaves. Le dernier vers bascule dans le registre de la souffrance, avec l'adjectif « douloureux », et le verbe « languir » qui a le sens fort de « dépérir ». Dans ce décor tout d'équilibre et d'harmonie, un drame se joue, mais hors champ en quelque sorte. On n'en saura pas plus, mais en questionnant le titre *La Vie antérieure*, on est tenté d'interpréter le poème comme une vision édénique déjà troublée par l'idée de la chute.

L'évasion des sens

À l'homme, foncièrement méchant, qui a perdu tout espoir de retrouver l'âge d'or, il reste cependant le recours au paradis fugace des femmes et au paradis artificiel de l'alcool et des drogues.

Toutes les femmes

Loin devant les autres femmes des poèmes de Baudelaire, se détache la figure de Jeanne, la mulâtresse. Jeanne odieuse à sa mère, Jeanne inconstante, Jeanne infidèle qui incarne cependant « le seul être humain en qui [il] a trouvé quelque repos », sa « seule distraction », son « seul plaisir », sa « seule camarade ». Jeanne est le prototype de la femme « naturelle, c'est-à-dire abominable ».

Aussi le poète lui dédie-t-il de nombreux vers, dont il s'est toutefois appliqué à gommer toute référence trop directement biographique. Les critiques identifient un cycle d'une dizaine de poèmes qui lui serait consacré dans la section « Spleen et Idéal ». Elle y est tour à tour surprise dans l'intimité de son parfum qui évoque une île lointaine (*Parfum exotique*), la profondeur sensuelle de sa *Chevelure*, sa domination mauvaise sur le poète dont elle suce le sang (*Le Vampire*), mais aussi dans les moments de bonheur rayonnant (*Le Balcon*).

Parfum exotique

Quand, les deux yeux fermés, en un soir chaud d'automne,

Je respire l'odeur de ton sein chaleureux,
Je vois se dérouler des rivages heureux
Qu'éblouissent les feux d'un soleil monotone ;

Une île paresseuse où la nature donne
Des arbres singuliers et des fruits savoureux ;
Des hommes dont le corps est mince et vigoureux,
Et des femmes dont l'œil par sa franchise étonne.

Guidé par ton odeur vers de charmants climats,
Je vois un port rempli de voiles et de mâts
Encor tout fatigués par la vague marine,

Pendant que le parfum des verts tamariniers,
Qui circule dans l'air et m'enfle la narine,
Se mêle dans mon âme au chant des mariniers.

La Chevelure

Ô toison, moutonnant jusque sur l'encolure !
Ô boucles ! Ô parfum chargé de nonchaloir !
Extase ! Pour peupler ce soir l'alcôve obscure
Des souvenirs dormant dans cette chevelure,
Je la veux agiter dans l'air comme un mouchoir !

La langoureuse Asie et la brûlante Afrique,
Tout un monde lointain, absent, presque défunt,

Vit dans tes profondeurs, forêt aromatique !
Comme d'autres esprits voguent sur la musique,
Le mien, ô mon amour ! nage sur ton parfum.

J'irai là-bas où l'arbre et l'homme, pleins de sève,
Se pâment longuement sous l'ardeur des climats ;
Fortes tresses, soyez la houle qui m'enlève !
Tu contiens, mer d'ébène, un éblouissant rêve
De voiles, de rameurs, de flammes et de mâts :

Un port retentissant où mon âme peut boire
À grands flots le parfum, le son et la couleur ;
Où les vaisseaux, glissant dans l'or et dans la moire,
Ouvrent leurs vastes bras pour embrasser la gloire
D'un ciel pur où frémit l'éternelle chaleur.

Je plongerai ma tête amoureuse d'ivresse
Dans ce noir océan où l'autre est enfermé ;
Et mon esprit subtil que le roulis caresse
Saura vous retrouver, ô féconde paresse,
Infinis bercements du loisir embaumé !

Cheveux bleus, pavillon de ténèbres tendues,
Vous me rendez l'azur du ciel immense et rond ;
Sur les bords duvetés de vos mèches tordues
Je m'enivre ardemment des senteurs confondues
De l'huile de coco, du musc et du goudron.

Longtemps ! toujours ! ma main dans ta crinière lourde
Sèmera le rubis, la perle et le saphir,
Afin qu'à mon désir tu ne sois jamais sourde !
N'es-tu pas l'oasis où je rêve, et la gourde
Où je hume à longs traits le vin du souvenir ?

Le Vampire

Toi qui, comme un coup de couteau,
Dans mon cœur plaintif es entrée ;
Toi qui, forte comme un troupeau
De démons, vins, folle et parée,

De mon esprit humilié
Faire ton lit et ton domaine ;
— Infâme à qui je suis lié
Comme le forçat à la chaîne,

Comme au jeu le joueur têtu,
Comme à la bouteille l'ivrogne,
Comme aux vermines la charogne,
— Maudite, maudite sois-tu !

J'ai prié le glaive rapide
De conquérir ma liberté,

Et j'ai dit au poison perfide
De secourir ma lâcheté.

Hélas ! le poison et le glaive
M'ont pris en dédain et m'ont dit :
« Tu n'es pas digne qu'on t'enlève
À ton esclavage maudit,

Imbécile ! — de son empire
Si nos efforts te délivraient,
Tes baisers ressusciteraient
Le cadavre de ton vampire ! »

Le Balcon

Mère des souvenirs, maîtresse des maîtresses,
Ô toi, tous mes plaisirs ! ô toi, tous mes devoirs !
Tu te rappelleras la beauté des caresses,
La douceur du foyer et le charme des soirs,
Mère des souvenirs, maîtresse des maîtresses !

Les soirs illuminés par l'ardeur du charbon,
Et les soirs au balcon, voilés de vapeurs roses.
Que ton sein m'était doux ! que ton cœur m'était bon !
Nous avons dit souvent d'impérissables choses
Les soirs illuminés par l'ardeur du charbon.

Que les soleils sont beaux dans les chaudes soirées !
Que l'espace est profond ! que le cœur est puissant !
En me penchant vers toi, reine des adorées,
Je croyais respirer le parfum de ton sang.
Que les soleils sont beaux dans les chaudes soirées !

La nuit s'épaississait ainsi qu'une cloison,
Et mes yeux dans le noir devinaient tes prunelles,
Et je buvais ton souffle, ô douceur ! ô poison !
Et tes pieds s'endormaient dans mes mains
fraternelles.
La nuit s'épaississait ainsi qu'une cloison.

Je sais l'art d'évoquer les minutes heureuses,
Et revis mon passé blotti dans tes genoux.
Car à quoi bon chercher tes beautés langoureuses
Ailleurs qu'en ton cher corps et qu'en ton cœur
si doux ?
Je sais l'art d'évoquer les minutes heureuses !

Ces serments, ces parfums, ces baisers infinis,
Renaîtront-ils d'un gouffre interdit à nos sondes,
Comme montent au ciel les soleils rajeunis
Après s'être lavés au fond des mers profondes ?
— Ô serments ! ô parfums ! ô baisers infinis !

Un second cycle de neuf poèmes est dédié à Mme Sabatier, femme entretenue par un riche banquier, dont Baudelaire se rapproche d'abord en lui envoyant des poèmes anonymement, avant de s'enhardir à avoir une liaison avec elle qui, très vite, l'embarrasse !

Dépeinte sous les traits d'un ange (*Réversibilité*), d'une muse, d'une madone (*Que diras-tu ce soir…*), elle incarne la femme inaccessible, la figure tutélaire qui veille sur le poète et le guide (*Le Flambeau vivant*).

Réversibilité

Ange plein de gaieté, connaissez-vous l'angoisse,
La honte, les remords, les sanglots, les ennuis,
Et les vagues terreurs de ces affreuses nuits
Qui compriment le cœur comme un papier qu'on froisse ?
Ange plein de gaieté, connaissez-vous l'angoisse ?

Ange plein de bonté, connaissez-vous la haine,
Les poings crispés dans l'ombre et les larmes de fiel,
Quand la Vengeance bat son infernal rappel,
Et de nos facultés se fait le capitaine ?
Ange plein de bonté, connaissez-vous la haine ?

Ange plein de santé, connaissez-vous les Fièvres,
Qui, le long des grands murs de l'hospice blafard,
Comme des exilés, s'en vont d'un pied traînard,
Cherchant le soleil rare et remuant les lèvres?
Ange plein de santé, connaissez-vous les Fièvres?

Ange plein de beauté, connaissez-vous les rides,
Et la peur de vieillir, et ce hideux tourment
De lire la secrète horreur du dévouement
Dans des yeux où longtemps burent nos yeux avides?
Ange plein de beauté, connaissez-vous les rides?

Ange plein de bonheur, de joie et de lumières,
David mourant aurait demandé la santé
Aux émanations de ton corps enchanté;
Mais de toi je n'implore, ange, que tes prières,
Ange plein de bonheur, de joie et de lumières!

Que diras-tu ce soir, pauvre âme solitaire

Que diras-tu ce soir, pauvre âme solitaire,
Que diras-tu, mon cœur, cœur autrefois flétri,
À la très-belle, à la très-bonne, à la très-chère,
Dont le regard divin t'a soudain refleuri?

— Nous mettrons notre orgueil à chanter
ses louanges :
Rien ne vaut la douceur de son autorité ;
Sa chair spirituelle a le parfum des Anges,
Et son œil nous revêt d'un habit de clarté.

Que ce soit dans la nuit et dans la solitude,
Que ce soit dans la rue et dans la multitude,
Son fantôme dans l'air danse comme un flambeau.

Parfois il parle et dit : « Je suis belle, et j'ordonne
Que pour l'amour de moi vous n'aimiez que
le Beau ;
Je suis l'Ange gardien, la Muse et la Madone. »

Le Flambeau vivant

Ils marchent devant moi, ces Yeux pleins de lumières,
Qu'un Ange très-savant a sans doute aimantés ;
Ils marchent, ces divins frères qui sont mes frères,
Secouant dans mes yeux leurs feux diamantés.

Me sauvant de tout piège et de tout péché grave,
Ils conduisent mes pas dans la route du Beau ;
Ils sont mes serviteurs et je suis leur esclave ;
Tout mon être obéit à ce vivant flambeau.

Charmants Yeux, vous brillez de la clarté mystique
Qu'ont les cierges brûlant en plein jour ; le soleil
Rougit, mais n'éteint pas leur flamme fantastique ;

Ils célèbrent la Mort, vous chantez le Réveil ;
Vous marchez en chantant le réveil de mon âme,
Astres dont nul soleil ne peut flétrir la flamme !

Le troisième cycle, d'une huitaine de poèmes, honore Marie Daubrun, qui entretient une liaison avec son ami Théodore de Banville. Incarnant l'idéal de l'actrice, elle détient les clés magiques du rêve : mystérieuse et changeante, elle est elle-même un paysage (*Ciel brouillé*), elle suscite un ailleurs attrayant de merveilles et de sérénité (*L'Invitation au voyage*) et elle connaît les charmes qui ensorcellent le poète (*Le Poison*).

Ciel brouillé

On dirait ton regard d'une vapeur couvert ;
Ton œil mystérieux (est-il bleu, gris ou vert ?)
Alternativement tendre, rêveur, cruel
Réfléchit l'indolence et la pâleur du ciel.

Tu rappelles ces jours blancs, tièdes et voilés,
Qui font se fondre en pleurs les cœurs ensorcelés,

Quand, agités d'un mal inconnu qui les tord,
Les nerfs trop éveillés raillent l'esprit qui dort.

Tu ressembles parfois à ces beaux horizons
Qu'allument les soleils des brumeuses saisons…
Comme tu resplendis, paysage mouillé
Qu'enflamment les rayons tombant d'un ciel brouillé !

Ô femme dangereuse, ô séduisants climats !
Adorerai-je aussi ta neige et vos frimas,
Et saurai-je tirer de l'implacable hiver
Des plaisirs plus aigus que la glace et le fer ?

Le Poison

Le vin sait revêtir le plus sordide bouge
D'un luxe miraculeux,
Et fait surgir plus d'un portique fabuleux
Dans l'or de sa vapeur rouge,
Comme un soleil couchant dans un ciel nébuleux.

L'opium agrandit ce qui n'a pas de bornes,
Allonge l'illimité,
Approfondit le temps, creuse la volupté,
Et de plaisirs noirs et mornes

Remplit l'âme au-delà de sa capacité.

Tout cela ne vaut pas le poison qui découle
De tes yeux, de tes yeux verts,
Lacs où mon âme tremble et se voit à l'envers…
Mes songes viennent en foule
Pour se désaltérer à ces gouffres amers.

Tout cela ne vaut pas le terrible prodige
De ta salive qui mord,
Qui plonge dans l'oubli mon âme sans remord,
Et, charriant le vertige,
La roule défaillante aux rives de la mort !

D'autres visages féminins surgissent çà et là, plus indistincts, avant de rentrer dans l'ombre. Ici, l'hôtesse au port altier qui le reçut à l'île Maurice, Mme Autard de Bragard (*À une dame créole*) ; là, Sarah la Louchette qui lui offrit ses premiers émois – et sans doute aussi sa maladie vénérienne ! (*Une nuit que j'étais…*) ; là, une beauté sans fard ramassée dans la rue (*À une mendiante rousse*) ; là encore, une forme évanescente qui a subjugué le poète (*À une passante*).

À une dame créole

Au pays parfumé que le soleil caresse,
J'ai connu, sous un dais d'arbres tout empourprés
Et de palmiers d'où pleut sur les yeux la paresse,
Une dame créole aux charmes ignorés.

Son teint est pâle et chaud ; la brune enchanteresse
A dans le cou des airs noblement maniérés ;
Grande et svelte en marchant comme une chasseresse,
Son sourire est tranquille et ses yeux assurés.

Si vous alliez, Madame, au vrai pays de gloire,
Sur les bords de la Seine ou de la verte Loire,
Belle digne d'orner les antiques manoirs,

Vous feriez, à l'abri des ombreuses retraites,
Germer mille sonnets dans le cœur des poëtes,
Que vos grands yeux rendraient plus soumis que vos noirs.

Une nuit que j'étais près d'une affreuse Juive

Une nuit que j'étais près d'une affreuse Juive,
Comme au long d'un cadavre un cadavre étendu,
Je me pris à songer près de ce corps vendu
À la triste beauté dont mon désir se prive.

Je me représentai sa majesté native,
Son regard de vigueur et de grâces armé,
Ses cheveux qui lui font un casque parfumé,
Et dont le souvenir pour l'amour me ravive.

Car j'eusse avec ferveur baisé ton noble corps,
Et depuis tes pieds frais jusqu'à tes noires tresses
Déroulé le trésor des profondes caresses,

Si, quelque soir, d'un pleur obtenu sans effort
Tu pouvais seulement, ô reine des cruelles !
Obscurcir la splendeur de tes froides prunelles.

À une mendiante rousse

Blanche fille aux cheveux roux,
Dont la robe par ses trous
Laisse voir la pauvreté
Et la beauté,

Pour moi, poëte chétif,
Ton jeune corps maladif,
Plein de taches de rousseur,
A sa douceur.

Tu portes plus galamment
Qu'une reine de roman

Ses cothurnes de velours
Tes sabots lourds.

Au lieu d'un haillon trop court,
Qu'un superbe habit de cour
Traîne à plis bruyants et longs
Sur tes talons ;

En place de bas troués,
Que pour les yeux des roués
Sur ta jambe un poignard d'or
Reluise encor ;

Que des nœuds mal attachés
Dévoilent pour nos péchés
Tes deux beaux seins, radieux
Comme des yeux ;

Que pour te déshabiller
Tes bras se fassent prier
Et chassent à coups mutins
Les doigts lutins,

Perles de la plus belle eau,
Sonnets de maître Belleau
Par tes galants mis aux fers
Sans cesse offerts,

Valetaille de rimeurs
Te dédiant leurs primeurs
Et contemplant ton soulier
Sous l'escalier,

Maint page épris du hasard,
Maint seigneur et maint Ronsard
Épieraient pour le déduit
Ton frais réduit !

Tu compterais dans tes lits
Plus de baisers que de lis
Et rangerais sous tes lois
Plus d'un Valois !

— Cependant tu vas gueusant
Quelque vieux débris gisant
Au seuil de quelque Véfour
De carrefour ;

Tu vas lorgnant en dessous
Des bijoux de vingt-neuf sous
Dont je ne puis, oh ! pardon !
Te faire don.

Va donc, sans autre ornement,
Parfum, perles, diamant,

Que ta maigre nudité,
Ô ma beauté !

À une passante

La rue assourdissante autour de moi hurlait.
Longue, mince, en grand deuil, douleur majestueuse,
Une femme passa, d'une main fastueuse
Soulevant, balançant le feston et l'ourlet ;

Agile et noble, avec sa jambe de statue.
Moi, je buvais, crispé comme un extravagant,
Dans son œil, ciel livide où germe l'ouragan,
La douceur qui fascine et le plaisir qui tue.

Un éclair… puis la nuit ! — Fugitive beauté
Dont le regard m'a fait soudainement renaître,
Ne te verrai-je plus que dans l'éternité ?

Ailleurs, bien loin d'ici ! trop tard ! jamais peut-être !
Car j'ignore où tu fuis, tu ne sais où je vais,
Ô toi que j'eusse aimée, ô toi qui le savais !

Poème à la loupe

L'Invitation au voyage

Mon enfant, ma sœur,
Songe à la douceur
D'aller là-bas vivre ensemble !
Aimer à loisir,
Aimer et mourir
Au pays qui te ressemble !
Les soleils mouillés
De ces ciels brouillés
Pour mon esprit ont les charmes
Si mystérieux
De tes traîtres yeux,
Brillant à travers leurs larmes.

Là, tout n'est qu'ordre et beauté,
Luxe, calme et volupté.

Des meubles luisants,
Polis par les ans,
Décoreraient notre chambre ;
Les plus rares fleurs
Mêlant leurs odeurs
Aux vagues senteurs de l'ambre,
Les riches plafonds,

Les miroirs profonds,
La splendeur orientale,
Tout y parlerait
À l'âme en secret
Sa douce langue natale.

Là, tout n'est qu'ordre et beauté,
Luxe, calme et volupté.

Vois sur ces canaux
Dormir ces vaisseaux
Dont l'humeur est vagabonde ;
C'est pour assouvir
Ton moindre désir
Qu'ils viennent du bout du monde.
— Les soleils couchants
Revêtent les champs,
Les canaux, la ville entière,
D'hyacinthe et d'or ;
Le monde s'endort
Dans une chaude lumière.

Là, tout n'est qu'ordre et beauté,
Luxe, calme et volupté.

Le poème appartient à la première section des *Fleurs du mal*, « Spleen et Idéal ». Il s'inscrit plus précisément dans le cycle des poèmes dédiés à Marie Daubrun, la jeune actrice aux cheveux clairs et aux yeux verts dont le poète s'est épris en 1856.

L'apostrophe lancée au premier vers donne le ton de l'intimité chaste : les adjectifs possessifs (« mon, ma ») renforce l'impression de proximité portée par les noms « enfant, sœur », qui relèvent du registre familial plutôt qu'amoureux. Et le mot « douceur », au vers 2, place explicitement l'invitation dans le mode mineur. La référence à la musique s'impose d'ailleurs pour tout le poème, qui est bâti comme une chanson, une ballade, avec sa structure de trois strophes de douze vers, faisant alterner deux pentasyllabes (5 vers) avec un heptasyllabe (7 vers), séparées par un refrain (« Là, tout n'est qu'ordre… »). Avec l'usage de vers courts, au rythme impair, Baudelaire réalise l'idéal de musicalité qui sera revendiqué par Verlaine (« De la musique avant toute chose, / Et pour cela préfère l'impair »).

Basculer dans le rêve

Aux vers 4 et 5, l'anaphore du verbe « aimer » introduit le motif de l'amour, un amour absolu qui se déploie dans le temps (« à loisir ») et ne se dissout que dans la mort. À noter que les verbes « aimer » et « mourir » ne sont pas conjugués mais restent à l'infinitif, mode de l'action pure, hors du temps. Le vers 6 propose une analogie entre la femme et le paysage (« pays qui te ressemble ») et les vers suivants réalisent la fusion entre les soleils, les ciels et les yeux de l'aimée, les adjectifs « mouillés, brouillés » pouvant s'appliquer au regard troublé par les larmes. Le mystère de cette analogie est signalé au vers 10 par l'adjectif « mystérieux » souligné par l'intensif « si » et la diérèse (mystéri-eux).

Le refrain transporte le lecteur dans le lieu annoncé par la locution adverbiale « là-bas » au vers 3. En deux heptasyllabes devenus célébrissimes, l'atmosphère du lieu est donnée par une cascade de cinq termes abstraits, qui imposent une vision où dominent harmonie et équilibre.

Au cœur du songe

Dans la deuxième strophe, Baudelaire – qui n'aimait pas la photographie – utilise le gros plan de la caméra pour nous introduire à l'intérieur de ce lieu. On reste toutefois dans le domaine de l'imaginaire avec l'usage du mode conditionnel (« décorerait », « parlerait ») qui prend le relais du « songe » du début du poème. La description conjugue le raffinement annoncé par le refrain (« riches, polis, rares ») à l'exotisme (« ambre, splendeur orientale »). La vue (« luisants, polis »), l'odorat (« odeurs, senteurs ») et l'ouïe (« douce langue ») y trouvent leur plein contentement, et la fluidité de leurs notations qui se fondent les unes aux autres est mise en évidence par l'abondance des allitérations des consonnes liquides (*l* et *r*) : « meubles, luisants, polis, rares, fleurs, mêlant », etc. On retrouve l'idée du « secret » évoquée dans de nombreux poèmes (voir par exemple *La Vie antérieure* expliquée plus haut) et d'une perfection perdue (« douce langue natale »).

Comme un tableau

À la troisième strophe, la caméra livre un plan large du paysage de ce « là-bas » idéal. Tout se passe comme si l'incantation des deux strophes scandées par leur refrain avaient réussi à faire exister le lieu, comme le transcrivent l'emploi du verbe de perception « vois » et l'usage de verbes à l'indicatif présent (« viennent, revêtent ») qui établissent une constatation. Le trait se fait plus précis, évoquant la Hollande, avec ses « canaux » et ses ports où les bateaux étrangers débarquent leurs marchandises (« du bout du monde »). Une strophe tout entière dédiée à la plénitude, qui multiplie les références picturales : « soleils couchants, d'hy-acinthe (diérèse), or, chaude lumière ». Si la seconde strophe de ce triptyque donnait à voir un intérieur de Vermeer, la troisième évoque plutôt un tableau de Ruisdael, autre peintre hollandais du XVIIe siècle.

Ainsi donc, chez Baudelaire, le voyage le plus merveilleux reste celui du rêve, et c'est la femme sublimée qui détient le pouvoir de nous y convier.

L'autre ivresse

Fidèle adepte de Bacchus, le poète célèbre le vin en cinq poèmes. Dans *L'Âme du vin*, il chante les bienfaits du nectar des dieux qui, dès l'origine, fut en relation étroite avec la création littéraire (Bacchus-Dionysos est dieu du vin ainsi que de la comédie et de la tragédie). L'alcool offre le réconfort à ceux qui n'ont rien (*Le Vin des chiffonniers*), le rêve à ceux qui s'aiment (*Le Vin des amants*).

L'Âme du vin

Un soir, l'âme du vin chantait dans les bouteilles :
« Homme, vers toi je pousse, ô cher déshérité,
Sous ma prison de verre et mes cires vermeilles,
Un chant plein de lumière et de fraternité !

Je sais combien il faut, sur la colline en flamme,
De peine, de sueur et de soleil cuisant
Pour engendrer ma vie et pour me donner l'âme ;
Mais je ne serai point ingrat ni malfaisant,

Car j'éprouve une joie immense quand je tombe
Dans le gosier d'un homme usé par ses travaux,
Et sa chaude poitrine est une douce tombe
Où je me plais bien mieux que dans mes froids caveaux.

Entends-tu retentir les refrains des dimanches
Et l'espoir qui gazouille en mon sein palpitant ?
Les coudes sur la table et retroussant tes manches,
Tu me glorifieras et tu seras content ;

J'allumerai les yeux de ta femme ravie ;
À ton fils je rendrai sa force et ses couleurs
Et serai pour ce frêle athlète de la vie
L'huile qui raffermit les muscles des lutteurs.

En toi je tomberai, végétale ambroisie,
Grain précieux jeté par l'éternel Semeur,
Pour que de notre amour naisse la poésie
Qui jaillira vers Dieu comme une rare fleur ! »

Le Vin des chiffonniers

Souvent, à la clarté rouge d'un réverbère
Dont le vent bat la flamme et tourmente le verre,
Au cœur d'un vieux faubourg, labyrinthe fangeux
Où l'humanité grouille en ferments orageux ;

On voit un chiffonnier qui vient, hochant la tête,
Buttant, et se cognant aux murs comme un poëte,
Et, sans prendre souci des mouchards, ses sujets,
Épanche tout son cœur en glorieux projets.

Il prête des serments, dicte des lois sublimes,
Terrasse les méchants, relève les victimes,
Et sous le firmament comme un dais suspendu
S'enivre des splendeurs de sa propre vertu.

Oui, ces gens harcelés de chagrins de ménage,
Moulus par le travail et tourmentés par l'âge,
Éreintés et pliant sous un tas de débris,
Vomissement confus de l'énorme Paris,

Reviennent, parfumés d'une odeur de futailles,
Suivis de compagnons, blanchis dans les batailles,
Dont la moustache pend comme les vieux drapeaux.
Les bannières, les fleurs et les arcs triomphaux

Se dressent devant eux, solennelle magie!
Et dans l'étourdissante et lumineuse orgie
Des clairons, du soleil, des cris et du tambour,
Ils apportent la gloire au peuple ivre d'amour!

C'est ainsi qu'à travers l'Humanité frivole
Le vin roule de l'or, éblouissant Pactole;
Par le gosier de l'homme il chante ses exploits
Et règne par ses dons ainsi que les vrais rois.

Pour noyer la rancœur et bercer l'indolence
De tous ces vieux maudits qui meurent en silence,
Dieu, touché de remords, avait fait le sommeil;
L'Homme ajouta le Vin, fils sacré du Soleil!

Le Vin des amants

Aujourd'hui l'espace est splendide!
Sans mors, sans éperons, sans bride,
Partons à cheval sur le vin
Pour un ciel féerique et divin!

Comme deux anges que torture
Une implacable calenture,
Dans le bleu cristal du matin
Suivons le mirage lointain !

Mollement balancés sur l'aile
Du tourbillon intelligent,
Dans un délire parallèle,

Ma sœur, côte à côte nageant,
Nous fuirons sans repos ni trêves
Vers le paradis de mes rêves !

Baudelaire a par ailleurs consacré un essai à l'ivresse procurée par « les paradis artificiels » (l'expression aujourd'hui entrée dans le vocabulaire courant lui est due). Publiés en 1860, *Les Paradis artificiels*, sous-titrés *Opium et hachisch*, n'ont pas remporté auprès du public le succès espéré par leur auteur. Baudelaire y examinait pourtant, de façon inouïe, les effets qu'ont les drogues sur le cerveau humain et plus particulièrement sur la créativité artistique.

La première partie est consacrée à la fameuse « confiture verte » censée procurer une ivresse qui serait « comme un pays prodigieux, où tout est miraculeux et imprévu ». Mais la réalité est tout autre, aussi le poète prévient-il « les gens du monde et les ignorants, curieux de connaître des jouissances exceptionnelles, qu'ils ne trouveront dans le hachisch rien de miraculeux, absolument rien que le naturel excessif ». Il met en évidence « le caractère immoral du hachisch » et aboutit à une condamnation sans appel : « … admettons un instant que le hachisch donne, ou du moins augmente le génie ; on oublie qu'il est de la nature du hachisch de diminuer la volonté, et qu'ainsi il accorde d'un côté ce qu'il retire de l'autre, c'est-à-dire l'imagination sans la faculté d'en profiter. »

Dans la deuxième partie de son étude, il entrelace les réflexions notées à propos de sa consommation régulière de laudanum aux *Confessions d'un Anglais mangeur d'opium* livrées par Thomas De Quincey, pour soupeser les « voluptés et les tortures de l'opium ».

> *Il y a généralement dans l'ivresse du hachisch trois phases assez faciles à distinguer, et ce n'est pas une chose peu curieuse à observer, chez les novices, que les premiers symptômes de la première phase. […] C'est d'abord une certaine hilarité, saugrenue, irrésistible, qui s'empare de vous. Ces accès de*

gaieté non motivée, dont vous êtes presque honteux, se reproduisent fréquemment et coupent des intervalles de stupeur pendant lesquels vous cherchez en vain à vous recueillir. Les mots les plus simples, les idées les plus triviales prennent une physionomie bizarre et nouvelle; vous vous étonnez même de les avoir jusqu'à présent trouvés si simples. Des ressemblances et des rapprochements incongrus, impossibles à prévoir, des jeux de mots interminables, des ébauches de comique, jaillissent continuellement de votre cerveau. Le démon vous a envahi; il est inutile de regimber contre cette hilarité, douloureuse comme un chatouillement. De temps en temps vous riez de vous-même, de votre niaiserie et de votre folie, et vos camarades, si vous en avez, rient également de votre état et du leur [...].

Après cette première phase de gaieté enfantine, il y a comme un apaisement momentané. Mais de nouveaux événements s'annoncent bientôt par une sensation de fraîcheur aux extrémités (qui peut même devenir un froid très intense chez quelques individus) et une grande faiblesse dans tous les membres; vous avez alors des mains de beurre, et dans votre tête, dans tout votre être, vous sentez une stupeur et une stupéfaction embarrassantes.

Vos yeux s'agrandissent; ils sont comme tirés dans tous les sens par une extase implacable. Votre face s'inonde de pâleur. Les lèvres se rétrécissent et vont rentrant dans la bouche, avec ce mouvement d'anhélation qui caractérise l'ambition d'un homme en proie à de grands projets, oppressé par de vastes pensées, ou rassemblant sa respiration pour prendre son élan. La gorge se ferme, pour ainsi dire. Le palais est desséché par une soif qu'il serait infiniment doux de satisfaire, si les délices de la paresse n'étaient pas plus agréables et ne s'opposaient pas au moindre dérangement du corps. Des soupirs rauques et profonds s'échappent de votre poitrine, comme si votre ancien corps ne pouvait pas supporter les désirs et l'activité de votre âme nouvelle. De temps à autre, une secousse vous traverse et vous commande un mouvement involontaire, comme ces soubresauts qui, à la fin d'une journée de travail ou dans une nuit orageuse, précèdent le sommeil définitif.

C'est en effet à cette période de l'ivresse que se manifeste une finesse nouvelle, une acuité supérieure dans tous les sens. L'odorat, la vue, l'ouïe, le toucher participent également à ce progrès. Les yeux visent l'infini. L'oreille perçoit des sons presque insaisissables au milieu du plus vaste tumulte. C'est alors que commencent les hallucinations. Les objets extérieurs prennent lentement, successivement, des apparences singulières ; ils se déforment et se transforment. Puis arrivent les équivoques, les méprises et les transpositions d'idées. Les sons se revêtent de couleurs, et les couleurs contiennent une musique.

[…] souvent le hachisch détermine une faim vorace, presque toujours une soif excessive. […] La faim et la soif tyranniques dont il est question ne trouvent pas à s'assouvir sans un certain labeur. Car l'homme se sent tellement au-dessus des choses matérielles, ou plutôt il est tellement accablé par son ivresse, qu'il lui faut développer un long courage pour remuer une bouteille ou une fourchette.

La crise définitive déterminée par la digestion des aliments est en effet très violente : il est impossible de lutter ; et un pareil état ne serait pas supportable s'il durait trop longtemps et s'il ne faisait bientôt place à une autre phase de l'ivresse […]. Cet état nouveau est ce que les Orientaux appellent le kief. Ce n'est plus quelque chose de tourbillonnant et de tumultueux ; c'est une béatitude calme et immobile, une résignation glorieuse. Depuis longtemps vous n'êtes plus votre maître, mais vous ne vous en affligez plus. La douleur et l'idée du temps ont disparu, ou si quelquefois elles osent se produire, ce n'est que transfigurées par la sensation dominante ; et elles sont alors relativement à leur forme habituelle ce que la mélancolie poétique est à la douleur positive.

[...]

Mais le lendemain ! le terrible lendemain ! tous les organes relâchés, fatigués, les nerfs détendus, les titillantes envies de pleurer, l'impossibilité de s'appliquer à un travail suivi, vous enseignent cruellement que vous avez joué un jeu défendu. [...]

Parce qu'il fouille les angoisses humaines

À la fugacité de ces échappées vers la lumière succède toujours le poids du désespoir qui vient s'abattre sur les épaules de l'être humain.

Le spleen

Comme on l'a déjà dit plus haut, le terme de « spleen », qui est devenu indissociable de l'univers baudelairien, a été emprunté à l'anglais. Ce mot, qui se répand au XVIIIe siècle, notamment sous la plume de Diderot et Voltaire, remonte au grec *splèn*, qui désigne la rate, cet organe étant tenu dans la médecine hippocratique pour produire une humeur qui déclenche la mélancolie (littéralement *mélan*, noire, *cholè*, bile). Le terme sert à qualifier un ennui sans cause, un dégoût profond de la vie.

Présent dans le titre de la première partie du recueil « Spleen et Idéal », il donne également son nom à quatre poèmes de cette partie. Le poète dispose d'une palette splénétique qui va du grisâtre des souvenirs décolorés par le temps évoquant une douce nostalgie (« *J'ai plus de souvenirs...* ») jusqu'au noir complet de la plus profonde dépression (« *Quand le ciel bas et lourd...* »).

Spleen

J'ai plus de souvenirs que si j'avais mille ans.

Un gros meuble à tiroirs encombré de bilans,
De vers, de billets doux, de procès, de romances,
Avec de lourds cheveux roulés dans des quittances,
Cache moins de secrets que mon triste cerveau.
C'est une pyramide, un immense caveau,
Qui contient plus de morts que la fosse commune.
— Je suis un cimetière abhorré de la lune,

Où comme des remords se traînent de longs vers
Qui s'acharnent toujours sur mes morts les plus chers.
Je suis un vieux boudoir plein de roses fanées,
Où gît tout un fouillis de modes surannées,
Où les pastels plaintifs et les pâles Boucher,
Seuls, respirent l'odeur d'un flacon débouché.

Rien n'égale en longueur les boiteuses journées,
Quand sous les lourds flocons des neigeuses années
L'ennui, fruit de la morne incuriosité,
Prend les proportions de l'immortalité.
— Désormais tu n'es plus, ô matière vivante!
Qu'un granit entouré d'une vague épouvante,
Assoupi dans le fond d'un Sahara brumeux;
Un vieux sphinx ignoré du monde insoucieux,

Oublié sur la carte, et dont l'humeur farouche
Ne chante qu'aux rayons du soleil qui se couche.

Poème à la loupe

Spleen

Quand le ciel bas et lourd pèse comme un couvercle
Sur l'esprit gémissant en proie aux longs ennuis,
Et que de l'horizon embrassant tout le cercle
Il nous verse un jour noir plus triste que les nuits ;

Quand la terre est changée en un cachot humide,
Où l'Espérance, comme une chauve-souris,
S'en va battant les murs de son aile timide
Et se cognant la tête à des plafonds pourris ;

Quand la pluie étalant ses immenses traînées
D'une vaste prison imite les barreaux,
Et qu'un peuple muet d'infâmes araignées
Vient tendre ses filets au fond de nos cerveaux,

Des cloches tout à coup sautent avec furie
Et lancent vers le ciel un affreux hurlement,
Ainsi que des esprits errants et sans patrie
Qui se mettent à geindre opiniâtrement.

— Et de longs corbillards, sans tambours
ni musique,
Défilent lentement dans mon âme ; l'Espoir,
Vaincu, pleure, et l'Angoisse atroce, despotique,
Sur mon crâne incliné plante son drapeau noir.

Ce poème est le plus célèbre et le plus sombre des quatre *Spleen* de la section « Spleen et Idéal ». On assiste ici aux trois mouvements d'une crise, qui nous donne à voir le pouvoir et les ravages du spleen de l'intérieur, avec les yeux du poète.

Le poème se compose de cinq quatrains d'alexandrins aux rimes croisées. Le choix d'un vers long, de facture classique, au rythme prévisible, participe de l'impression d'étirement du temps et d'inexorabilité propre à la montée de la crise de mélancolie. Laquelle montée s'opère dans les trois premières strophes, articulées en trois propositions temporelles introduites par la conjonction « quand », mettant en scène successivement trois éléments naturels : ciel, terre, pluie. L'oppression grandissante est suggérée par l'accumulation de termes dénotant l'occlusion (« couvercle, cercle, cachot, murs, prison… »), le poids (« bas et lourd, pèse »), les visions repoussantes (« chauve-souris, araignées, traînées, plafonds pourris »).

Progression du mal

Le malaise intérieur est transcrit par des notations unissant le champ lexical du paysage (« ciel, horizon, terre… ») au registre de l'enfermement (« cachot, plafond, prison, filets »), le premier se mettant au service du second par le biais de comparaisons et métaphores empruntées au concret (« comme un couvercle, changée en un cachot, comme une chauve-souris, imite les barreaux »). Ainsi, prise au piège, l'Espérance est devenue un animal-vampire qui cherche en vain à s'élancer vers le dehors (« se cognant la tête »). Les allitérations répétées du son /k/ nous donnent même à entendre le bruit du couvercle qui se rabat, de la chauve-souris qui se heurte au plafond et du battement des cloches (**qu**and, **c**ouver**c**le, **c**ognant, **c**achot, **c**loches). De même, le recours à de nombreux participes présents (« embrassant, battant, cognant, étalant ») contribue à alourdir de leurs sonorités nasales (**ant**) les sensations de malaise, en les figeant dans une sorte de mouvement sans début ni fin. À la fin de la troisième strophe, le cauchemar est à son comble : l'horreur, jusqu'alors cantonnée à l'extérieur, prend possession du corps (« au fond de nos cerveaux ») sous la forme d'une hallucination où grouillent de répugnants insectes (« peuple d'infâmes araignées »).

Au comble de l'horreur

À la quatrième strophe, la violence se déchaîne dans un assaut (« tout à coup, sautent, furie, lancent ») et un bruit agressif (« hurlement, geindre »). La comparaison des deux derniers vers de la strophe nous introduit explicitement dans les limbes de l'enfer où errent les âmes en peine. On se souvient d'ailleurs que *Les Limbes* était le second titre envisagé pour *Les Fleurs du mal.*

Dans la dernière strophe, isolée du reste du poème par un tiret, aux cloches qui sonnaient le glas a succédé un silence funèbre (« sans tambours ni musique »), sur lequel se détache interminablement (« longs, défilent, lentement ») un convoi mortuaire démultiplié (« corbillards »).

Anéantissement

Le poète assiste personnellement au triomphe de l'angoisse, comme l'indique la transformation du pronom personnel et de l'adjectif possessif collectifs (« nous, nos ») en un possessif à la première personne (« mon âme, mon crâne »). Mais il n'est que spectateur de la personnification par une majuscule de L'Espoir (qui fait écho à l'allégorie de l'Espérance mise en échec dans la deuxième strophe) et de l'Angoisse, qui sont les sujets des verbes des deux derniers vers. Tandis que le premier, l'Espoir, dont la défaite est accentuée par la position du mot en contre-rejet, abdique (« vaincu, pleure »), la seconde, toute-puissante, se dresse fièrement à l'hémistiche, consacrant sa victoire par ce geste du vainqueur qui plante son drapeau sur le territoire conquis, soumis (« mon crâne incliné »). Le dernier mot du poème, l'adjectif « noir », ne laisse entrevoir aucun espoir pour échapper à l'emprise du spleen.

Le temps

La fuite du temps est un leitmotiv des poèmes de Baudelaire. « Le Temps mange la vie », écrit-il dans *L'Ennemi*, et la fin du jour (*Recueillement*) tout comme le cycle des saisons, qui, à l'été clair, fait succéder l'automne, annonciateur de l'hiver cruel, symbolisent l'avancée de la vie, qui nous précipite vers la fin où « la tombe attend » (*Chant d'automne*). Mais plus terrible encore est sa personnification de l'Horloge, prenant la parole pour scander à chaque seconde « de son gosier de métal qui parle toutes les langues » son terrible avertissement à l'homme : « … le Temps est un joueur avide qui gagne sans tricher », faisant manifestement écho au philosophe grec Héraclite pour qui « le Temps est un enfant qui joue ».

L'Horloge

Horloge ! dieu sinistre, effrayant, impassible,
Dont le doigt nous menace et nous dit :
« Souviens-toi !
Les vibrantes Douleurs dans ton cœur plein d'effroi
Se planteront bientôt comme dans une cible ;

Le Plaisir vaporeux fuira vers l'horizon
Ainsi qu'une sylphide au fond de la coulisse ;
Chaque instant te dévore un morceau du délice
À chaque homme accordé pour toute sa saison.

Trois mille six cents fois par heure, la Seconde
Chuchote : Souviens-toi ! — Rapide, avec sa voix
D'insecte, Maintenant dit : Je suis Autrefois,
Et j'ai pompé ta vie avec ma trompe immonde !

Remember ! Souviens-toi, prodigue ! Esto memor !
(Mon gosier de métal parle toutes les langues.)
Les minutes, mortel folâtre, sont des gangues
Qu'il ne faut pas lâcher sans en extraire l'or !

Souviens-toi que le Temps est un joueur avide
Qui gagne sans tricher, à tout coup ! c'est la loi.
Le jour décroît ; la nuit augmente ; souviens-toi !
Le gouffre a toujours soif ; la clepsydre se vide.

Tantôt sonnera l'heure où le divin Hasard,
Où l'auguste Vertu, ton épouse encor vierge,
Où le Repentir même (oh ! la dernière auberge !),
Où tout te dira : Meurs, vieux lâche ! il est trop tard ! »

Dans le sonnet de la troisième édition (1868) intitulé *Recueillement*, l'Angoisse qui était « atroce, despotique » est devenue une douleur amie et compagne du poète. L'arrivée lente et très douce de l'obscurité sur la ville, exprimée en termes empruntés au registre de la mort, suggère que mourir peut être aussi facile que de s'endormir la nuit venue.

Recueillement

Sois sage, ô ma Douleur, et tiens-toi plus tranquille.
Tu réclamais le Soir ; il descend ; le voici :
Une atmosphère obscure enveloppe la ville,
Aux uns portant la paix, aux autres le souci.

Pendant que des mortels la multitude vile,
Sous le fouet du Plaisir, ce bourreau sans merci,
Va cueillir des remords dans la fête servile,
Ma douleur, donne-moi la main ; viens par ici,

Loin d'eux. Vois se pencher les défuntes Années,
Sur les balcons du ciel, en robes surannées ;
Surgir du fond des eaux le Regret souriant ;

Le Soleil moribond s'endormir sous une arche,
Et, comme un long linceul traînant à l'Orient,
Entends, ma chère, entends la douce Nuit qui marche.

La mort

Baudelaire a flirté toute sa vie avec l'idée de suicide, et, comme on l'a vu dans la première partie, il lui est même arrivé de passer à l'acte. Le poète Gérard de Nerval, que son univers et ses soucis chroniques d'argent apparentaient à Baudelaire, était lui-même passé à l'acte en se pendant aux barreaux d'une grille de la rue de la Vieille-Lanterne, par une nuit parisienne glacée de janvier 1855.

De fait, l'idée de la mort est omniprésente dans son œuvre. « J'ai horreur de la vie ! » clamait-il avec provocation à qui voulait l'entendre. Il n'est que de regarder les titres de ses poèmes hors de la dernière section intitulée proprement « La Mort » : *Danse macabre*, *Remords posthume*, *Le Revenant*, *Sépulture*, etc. pour comprendre que le motif funèbre irrigue en profondeur la poésie de Baudelaire. Dans le tableau de la putréfaction de la *Charogne*, il réalise pleinement son dessein de dépeindre « la beauté du Mal », et il fait partout preuve d'une imagination sans pareille pour englober la totalité du champ thématique de la mort (sang, agonie, exécution, enterrement, cimetière, tombe...). Victor Hugo ne s'y était pas trompé, qui lui fit la remarque mi-figue mi-raisin d'avoir « doté le ciel de l'art d'on ne sait quel rayon macabre » ! On observe cependant qu'elle est souvent présentée comme consolatrice (« C'est la mort qui console, hélas !

Et qui fait vivre », premier vers de *La Mort des pauvres*), douce et libératrice (*La Mort des amants*). Et à ceux qui nous ont été chers, comme la nourrice Mariette invoquée dans *La servante au grand cœur…*, nous sommes redevables de toute notre sollicitude par-delà la mort.

Une charogne

Rappelez-vous l'objet que nous vîmes, mon âme,
Ce beau matin d'été si doux :
Au détour d'un sentier une charogne infâme
Sur un lit semé de cailloux,

Les jambes en l'air, comme une femme lubrique,
Brûlante et suant les poisons,
Ouvrait d'une façon nonchalante et cynique
Son ventre plein d'exhalaisons.

Le soleil rayonnait sur cette pourriture,
Comme afin de la cuire à point,
Et de rendre au centuple à la grande Nature
Tout ce qu'ensemble elle avait joint ;

Et le ciel regardait la carcasse superbe
Comme une fleur s'épanouir.
La puanteur était si forte, que sur l'herbe

Vous crûtes vous évanouir.

Les mouches bourdonnaient sur ce ventre putride,
D'où sortaient de noirs bataillons
De larves, qui coulaient comme un épais liquide
Le long de ces vivants haillons.

Tout cela descendait, montait comme une vague,
Ou s'élançait en pétillant ;
On eût dit que le corps, enflé d'un souffle vague,
Vivait en se multipliant.

Et ce monde rendait une étrange musique,
Comme l'eau courante et le vent,
Ou le grain qu'un vanneur d'un mouvement rythmique
Agite et tourne dans son van.

Les formes s'effaçaient et n'étaient plus qu'un rêve,
Une ébauche lente à venir,
Sur la toile oubliée, et que l'artiste achève
Seulement par le souvenir.

Derrière les rochers une chienne inquiète
Nous regardait d'un œil fâché,
Épiant le moment de reprendre au squelette
Le morceau qu'elle avait lâché.

— Et pourtant vous serez semblable à cette ordure,
À cette horrible infection,
Étoile de mes yeux, soleil de ma nature,
Vous, mon ange et ma passion !

Oui ! telle vous serez, ô la reine des grâces,
Après les derniers sacrements,
Quand vous irez, sous l'herbe et les floraisons grasses,
Moisir parmi les ossements.

Alors, ô ma beauté ! dites à la vermine
Qui vous mangera de baisers,
Que j'ai gardé la forme et l'essence divine
De mes amours décomposés !

La Mort des amants

Nous aurons des lits pleins d'odeurs légères,
Des divans profonds comme des tombeaux,
Et d'étranges fleurs sur des étagères,
Écloses pour nous sous des cieux plus beaux.

Usant à l'envi leurs chaleurs dernières,
Nos deux cœurs seront deux vastes flambeaux,
Qui réfléchiront leurs doubles lumières
Dans nos deux esprits, ces miroirs jumeaux.

Un soir fait de rose et de bleu mystique,
Nous échangerons un éclair unique,
Comme un long sanglot, tout chargé d'adieux ;

Et plus tard un Ange, entr'ouvrant les portes,
Viendra ranimer, fidèle et joyeux,
Les miroirs ternis et les flammes mortes.

La Servante au grand cœur dont vous étiez jalouse

La servante au grand cœur dont vous étiez jalouse,
Et qui dort son sommeil sous une humble pelouse,
Nous devrions pourtant lui porter quelques fleurs.
Les morts, les pauvres morts, ont de grandes douleurs,
Et quand Octobre souffle, émondeur des vieux arbres,
Son vent mélancolique à l'entour de leurs marbres,
Certe, ils doivent trouver les vivants bien ingrats,
À dormir, comme ils font, chaudement dans leurs draps,
Tandis que, dévorés de noires songeries,
Sans compagnon de lit, sans bonnes causeries,
Vieux squelettes gelés travaillés par le ver,
Ils sentent s'égoutter les neiges de l'hiver

Et le siècle couler, sans qu'amis ni famille
Remplacent les lambeaux qui pendent à leur grille.

Lorsque la bûche siffle et chante, si le soir,
Calme, dans le fauteuil je la voyais s'asseoir,
Si, par une nuit bleue et froide de décembre,
Je la trouvais tapie en un coin de ma chambre,
Grave, et venant du fond de son lit éternel
Couver l'enfant grandi de son œil maternel,
Que pourrais-je répondre à cette âme pieuse,
Voyant tomber des pleurs de sa paupière creuse ?

Parce qu'il voit le monde comme personne avant lui

Se démarquant résolument des premiers romantiques qui firent de la communion avec la nature la clef de voûte de leur poésie (voir *Le Lac* de Lamartine), Baudelaire manifeste peu d'intérêt pour « les légumes sanctifiés », ainsi qu'il le dit avec humour.

La nature

La nature des *Fleurs du mal* n'est pas naturelle mais intellectuelle. Comme on le voit dans les *Correspondances*, c'est « un temple » d'où jaillit un ensemble de rapports, de proportions et d'harmonies indéchiffrables au commun des mortels. Mais le poète est en mesure d'unifier la diversité de ces informations grâce à son imagination, car « l'imagination est la plus scientifique des facultés, parce que seule elle comprend l'*analogie universelle*, ou ce qu'une religion mystique appelle *la correspondance* », comme l'expliquait Baudelaire dans une lettre, en 1856.

Poème à la loupe

Correspondances

La Nature est un temple où de vivants piliers
Laissent parfois sortir de confuses paroles ;
L'homme y passe à travers des forêts de symboles
Qui l'observent avec des regards familiers.

Comme de longs échos qui de loin se confondent
Dans une ténébreuse et profonde unité,
Vaste comme la nuit et comme la clarté,
Les parfums, les couleurs et les sons se répondent.

Il est des parfums frais comme des chairs d'enfants,
Doux comme les hautbois, verts comme les prairies,
— Et d'autres, corrompus, riches et triomphants,

Ayant l'expansion des choses infinies,
Comme l'ambre, le musc, le benjoin et l'encens,
Qui chantent les transports de l'esprit et des sens.

C'est le quatrième poème de la première section des *Fleurs du mal*, « Spleen et Idéal ». Les trois précédents parlaient du poète, de sa place dans le monde (*Bénédiction*, *L'Albatros*) et de son ouverture à un monde supérieur (*Élévation*). Avec *Correspondances*, il est envisagé sous l'angle de la nature.

La structure du sonnet est bipartite : dans les quatrains est formulée la théorie des correspondances ; dans les tercets, des développements et exemples sont donnés pour illustration.

Une énigme antique

Au premier vers, la nature est présentée comme un lieu de culte (« temple ») qui accomplit la fusion impossible entre la pierre parfaitement maîtrisée des édifices sacrés antiques (« piliers ») et le règne du vivant, matérialisée par l'oxymore « vivant pilier ». Comme dans la Grèce ancienne où la Pythie rendait les oracles dans le temple de Delphes et où les prêtres de Dodone déchiffraient les messages sacrés dans les bruissements des feuilles de chêne, les arbres (« vivants piliers ») de la nature baudelairienne délivrent un message qui reste incompréhensible (« confuses paroles »). Les deux premiers alexandrins rendent l'équilibre parfait de l'édifice par deux alexandrins de facture classique, avec césure régulière à l'hémistiche.

Dans ce décor pérenne, l'homme, éphémère, ne fait que « passer ». Au vers 3, le second élément naturel mentionné, les forêts, est aussitôt gratifié d'un complément du nom qui les rend symboliques (« de symboles »). Non seulement l'homme est évanescent, comme s'il ne parvenait pas à s'incruster dans la nature, mais, au vers 4, il est passif, objet (« l' » est complément d'objet direct) lui-même soumis au questionnement (« qui l'observent ») dans la bienveillance (« regards familiers »). La nature, qui n'est pas donnée comme hostile à l'homme, est le lieu d'un mystère, dont il faut s'appliquer à décrypter les signes.

La voix des sens

Dans le second quatrain, les signes à décrypter (« longs échos, loin, se confondent », mots assourdis par leurs nasales) livrent leur cohésion (« profonde unité »). Les différents sens se superposent et s'ajustent les uns aux autres par des agencements secrets (« ténébreuse et profonde unité »), englobant tout de leur accord (« vaste comme… ») que le poète, intercesseur privilégié entre le monde et les hommes, perçoit comme une évidence.

C'est la fameuse théorie des correspondances devenue emblématique de l'œuvre de Baudelaire, cette fusion des sensations appelée aussi « synesthésie », qui lui aurait été inspirée par le philosophe suédois du XVIIIe siècle Swedenborg. C'est le dernier vers du quatrain qui livre, sur le rythme du tétramètre, la clé de l'énigme unifiant le divers et l'épars donnés par l'univers : « Les parfums, les couleurs et les sons se répondent. » Ces trois sujets liés entre eux par un verbe à la voix pronominale réciproque font écho aux « confuses paroles » du vers 2, révélant ainsi la teneur de leur discours.

Accords intimes

Les deux tercets fournissent des exemples de cette libre circulation des sens entre les différents registres : l'odorat, qui tient une place importante dans *Les Fleurs du mal*, ouvre le bal des synesthésies, qui se déroule sur une phrase opérant un enjambement d'un tercet à l'autre. Les comparaisons introduites par « comme » permettent de faire le lien entre les différents sens : odorat-toucher-ouïe-vue (parfums-chairs-hautbois-prairies). Et le réseau des allitérations et assonances vient en quelque sorte redoubler ces passages d'une sensation à l'autre : consonne fricative (par**f**um **f**rais, en**f**ants), voyelle fermée comme le son de l'instrument (d**ou**x-h**au**tbois), voyelle ouverte qui claque comme une couleur criarde (v**e**rt-pr**ai**rie). Les exemples de ces deux premiers vers connotent pureté et innocence.

Le troisième vers est introduit par un tiret, qui matérialise le changement de registre. À partir de là, on bascule vers de lourdes senteurs d'ordre moral (« corrompus, riches, triomphants »), ouvrant sur un univers orientalisant (« ambre, musc »), mystique (« l'encens et le benjoin »), qui exalte tout autant les satisfactions du corps que celles de l'âme, l'ivresse sensuelle que spirituelle (« transports de l'esprit et des sens ») – les sens ayant toutefois le dernier mot dans le poème!

Ce poème des *Correspondances* incarne le premier manifeste du symbolisme, dont se revendiqueront plus tard les poètes symbolistes (Verlaine, Rimbaud, Mallarmé) qui s'appliqueront à débusquer, à la suite de Baudelaire, les idées cachées derrière les apparences. Il n'est que de citer le sonnet des *Voyelles* d'Arthur Rimbaud, qui semble être écrit en écho aux *Correspondances.*

La ville

On a dit que Baudelaire était le poète de Paris, et il est vrai que de déménagement en déménagement, de meublé en hôtel garni, de pension en gargote, il a acquis avec les années une connaissance hors pair de sa ville, ce Paris du Second Empire dont il voit la physionomie changer de jour en jour, sous l'impulsion des grands travaux haussmanniens (« la forme d'une ville / Change plus vite, hélas! que le cœur d'un mortel », déplore-t-il dans *Le Cygne*).

Le paysage citadin est la toile de fond des « Tableaux parisiens », ajoutés à l'édition de 1861.

On y côtoie « des êtres singuliers, décrépits et charmants » (*Les Petites Vieilles*), mendiantes, aveugles (*Les Aveugles*) ou belle inconnue, qui se croisent dans « la rue assourdissante » (*À une passante*).

La ville est aussi au cœur des *Petits poèmes en prose* (sous-titrés *Le Spleen de Paris*) qui ont été inspirés à Baudelaire par le *Gaspard de la Nuit* d'Aloysius Bertrand. Leur publication en feuilletons en 1862 dans le journal *La Presse*, faute de susciter l'enthousiasme, n'alla pas au-delà de la vingtaine, et, sans cesse « remaniés et repétris », ils ne furent publiés en recueil qu'après la mort du poète. Baudelaire avait l'ambition d'y créer un genre nouveau, plus libre, « une prose poétique, musicale sans rythme et sans rime, assez souple et assez heurtée pour s'adapter aux mouvements lyriques de l'âme, aux ondulations de la rêverie, aux soubresauts de la conscience ». Cette forme neuve lui semble plus à même de s'« appliquer à la description de la vie moderne, à la fréquentation des villes énormes » et tout particulièrement de ce Paris populaire, dont il veut « chanter les bons chiens, les pauvres chiens, les chiens crottés, ceux-là que chacun écarte, comme pestiférés et pouilleux, excepté le pauvre dont ils sont les associés, et le poëte qui les regarde d'un œil fraternel » (*Les Bons Chiens*, dernière pièce des *Petits Poèmes en prose*).

Poème à la loupe

Les Fenêtres

Celui qui regarde du dehors à travers une fenêtre ouverte, ne voit jamais autant de choses que celui qui regarde une fenêtre fermée. Il n'est pas d'objet plus profond, plus mystérieux, plus fécond, plus ténébreux, plus éblouissant qu'une fenêtre éclairée d'une chandelle. Ce qu'on peut voir au soleil est toujours moins intéressant que ce qui se passe derrière une vitre. Dans ce trou noir ou lumineux vit la vie, rêve la vie, souffre la vie.

Par-delà des vagues de toits, j'aperçois une femme mûre, ridée déjà, pauvre, toujours penchée sur quelque chose, et qui ne sort jamais. Avec son visage, avec son vêtement, avec son geste, avec presque rien, j'ai refait l'histoire de cette femme, ou plutôt sa légende, et quelquefois je me la raconte à moi-même en pleurant.

Si c'eût été un pauvre vieux homme, j'aurais refait la sienne tout aussi aisément.

Et je me couche, fier d'avoir vécu et souffert dans d'autres que moi-même.

Peut-être me direz-vous : « Es-tu sûr que cette légende soit la vraie ? » Qu'importe ce que peut être la réalité placée hors de moi, si elle m'a aidé à vivre, à sentir que je suis et ce que je suis ?

Ce texte appartient au recueil *Le Spleen de Paris*, publié après la mort de Baudelaire, qui s'est donné pour but d'explorer un genre nouveau, le « poème en prose ». Comme dans d'autres textes du livre, le poème se saisit d'un objet familier, quelconque, qu'il sonde en profondeur et pare d'une portée symbolique (cf. *Le Joujou du pauvre*, *La Corde*…).

Le dehors et le dedans

La première phrase prend le contre-pied du lieu commun qui voudrait que par une fenêtre ouverte, on voie mieux l'intérieur d'une maison que par une fenêtre fermée. Les deux moitiés de la phrase, scindées par la virgule, se concluent de façon symétrique (fenêtre ouverte / fenêtre fermée) et la répétition de la proposition relative « celui qui regarde » impose avec insistance la présence d'un spectateur, d'un observateur. Les phrases qui suivent déploient le motif paradoxal assené dans la première phrase. Aux « choses » plurielles et imprécises du début du texte, succède la fenêtre, « objet » unique, gratifié de cinq comparatifs de supériorité (« plus profond, plus mystérieux, plus fécond, plus ténébreux, plus éblouissant »). Les deux derniers adjectifs cités, antithétiques (ténébreux, éblouissant), rendent parfaitement le vacillement de la flamme de la chandelle. De même que la deuxième phrase commençait par un tour impersonnel, « Il n'est pas… », la troisième prend la forme d'une vérité générale qui ne souffre aucun contredit (« est toujours »). L'idée que la demi-teinte vaut mieux que la pleine lumière est de nature quasi picturale. On retrouve dans la dernière phrase la lumière vacillante de la chandelle (« noir ou lumineux ») qui sort du néant (« trou ») pour révéler, par l'anaphore du mot, la vie dans tous ses états, la vie personnifiée (« vit, rêve, souffre »).

Dans le deuxième paragraphe, le regard du spectateur qui porte au loin (« par-delà des vagues de toits ») a reçu une identité : « je ». La description se fait plus précise, accède au rang d'hypotypose (énumération de détails concrets qui donnent à voir une scène). Dans la seconde phrase du paragraphe, les éléments descriptifs deviennent outils (répétition de la préposition « avec ») au service de « je », qui de spectateur se mue en narrateur (« je me la raconte »), un narrateur plein de compassion pour cette vie minuscule et usée (« en pleurant »).

Une réalité artistique

La phrase suivante (« Si c'eût… ») constitue une sorte de parenthèse sur l'art du conteur capable de forger n'importe quel matériau en fiction (« tout aussi aisément »). Une remarque qui n'est pas dénuée de forfanterie et vantardise, comme le corrobore l'adjectif « fier » de la phrase suivante. « Et je me couche » : par cette image triviale qui contraste avec le registre grandiloquent de la suite de la phrase (« fier, vécu, souffert dans d'autres »), Baudelaire nous suggère la grandeur et la misère du poète.

C'est au tour du lecteur d'entrer dans le poème (« me direz-vous ») avec une question imaginaire qui interpelle le poète avec familiarité (« es-tu ») pour lui demander des comptes au regard de la vérité. Interrogation que le poète balaie d'un revers de main (« qu'importe »), suggérant que l'art n'a pas pour but de rendre le réel. N'ayant d'autre fin que lui-même, il lui suffit de conforter l'artiste dans son existence (« aidé à vivre, sentir que je suis ») et dans son essence (« ce que je suis »). Avant de refermer cette fenêtre, on ne pourra que s'émerveiller sur le trajet parcouru en quelques lignes depuis l'évocation d'un objet banal, à la vue de tous, jusqu'à l'énonciation des principes de l'art.

Parce qu'il mesure la grandeur et la misère de l'artiste

« Peuples ! écoutez le poète ! [...] / Dans votre nuit, sans lui complète, / Lui seul a le front éclairé », lançait dans *Les Rayons et les Ombres* (1840) Victor Hugo, qui assignait au poète le rôle de guide.

Chez Baudelaire, si le poète continue à être le détenteur de la lumière de l'intelligence, le seul qui soit en mesure de percevoir les correspondances secrètes, plus personne ne l'écoute et la société le foule aux pieds.

Naissance d'un poète

Le cycle des malédictions commence dès la naissance du futur poète :

Bénédiction

Lorsque, par un décret des puissances suprêmes,
Le Poëte apparaît en ce monde ennuyé,
Sa mère épouvantée et pleine de blasphèmes
Crispe ses poings vers Dieu, qui la prend en pitié :

— « Ah ! que n'ai-je mis bas tout un nœud
de vipères,
Plutôt que de nourrir cette dérision !
Maudite soit la nuit aux plaisirs éphémères
Où mon ventre a conçu mon expiation !

Puisque tu m'as choisie entre toutes les femmes
Pour être le dégoût de mon triste mari,
Et que je ne puis pas rejeter dans les flammes,
Comme un billet d'amour, ce monstre rabougri
[…]. »

Et les choses ne s'améliorent pas dans la suite ! Lorsqu'il aura assumé dans la douleur ce rôle qui lui est dévolu, « dans les rangs bienheureux des saintes Légions » (*Bénédiction*), il faudra au poète une force de travail surhumaine, un détachement de dandy et une abnégation quasi mystique pour s'arracher à la laideur puante (« miasmes morbides »), aux soucis accablants (« poids » des « ennuis et vastes chagrins ») et pour atteindre ces sphères supérieures qui sont l'élément naturel de la poésie, comme Baudelaire l'exprime dans le credo du poème qui suit :

Élévation

Au-dessus des étangs, au-dessus des vallées,
Des montagnes, des bois, des nuages, des mers,
Par-delà le soleil, par-delà les éthers,
Par-delà les confins des sphères étoilées,

Mon esprit, tu te meus avec agilité,
Et, comme un bon nageur qui se pâme dans l'onde,
Tu sillonnes gaiement l'immensité profonde
Avec une indicible et mâle volupté.

Envole-toi bien loin de ces miasmes morbides ;
Va te purifier dans l'air supérieur,
Et bois, comme une pure et divine liqueur,
Le feu clair qui remplit les espaces limpides.

Derrière les ennuis et les vastes chagrins
Qui chargent de leur poids l'existence brumeuse,
Heureux celui qui peut d'une aile vigoureuse
S'élancer vers les champs lumineux et sereins ;

Celui dont les pensers, comme des alouettes,
Vers les cieux le matin prennent un libre essor,
— Qui plane sur la vie, et comprend sans effort
Le langage des fleurs et des choses muettes !

Comment peut-on être poète ?

Quoique d'une essence supérieure, le poète, « génie enfermé dans un taudis malsain » (*Sur « Le Tasse en prison » d'Eugène Delacroix*), sera en permanence condamné à l'incompréhension, aux moqueries et « humiliasseries » (terme forgé par Baudelaire) de ses semblables.

Dans sa tentative de donner du sens au monde, le poète, qui sait bien que l'art est libre de tout lien avec la morale, se verra néanmoins soumis aux jugements moraux de ses contemporains qui ignorent qu'« il y a plusieurs morales. Il y a la morale positive et pratique à laquelle tout le monde doit obéir. Mais il y a la morale des arts. Celle-ci est tout autre, et depuis le commencement du monde, les arts l'ont bien prouvé ». Se sentant inadapté au monde où il est contraint de vivre, il aura beau proclamer son dégoût de l'ordre bourgeois et son désintérêt pour les valeurs de la société, c'est la société qui aura le dernier mot en projetant sur le poète sa propre laideur, ainsi que le suggère le célèbre poème de *L'Albatros*.

Poème à la loupe

L'Albatros

Souvent, pour s'amuser, les hommes d'équipage
Prennent des albatros, vastes oiseaux des mers,
Qui suivent, indolents compagnons de voyage,
Le navire glissant sur les gouffres amers.

À peine les ont-ils déposés sur les planches,
Que ces rois de l'azur, maladroits et honteux,
Laissent piteusement leurs grandes ailes blanches
Comme des avirons traîner à côté d'eux.

Ce voyageur ailé, comme il est gauche et veule !
Lui, naguère si beau, qu'il est comique et laid !
L'un agace son bec avec un brûle-gueule,
L'autre mime, en boitant, l'infirme qui volait !

Le Poëte est semblable au prince des nuées
Qui hante la tempête et se rit de l'archer ;
Exilé sur le sol au milieu des huées,
Ses ailes de géant l'empêchent de marcher.

Ce deuxième poème des *Fleurs du mal* puise son inspiration dans le voyage en mer que, sur la décision de sa famille, le jeune poète accomplit en 1841 jusqu'à l'île Bourbon. Il est constitué de quatre quatrains d'alexandrins aux rimes croisées en une alternance de terminaisons féminines et masculines (équipage / mer).

Capture de la victime

Dès le premier vers, le décor est planté : l'adverbe placé en tête de phrase met l'accent sur la répétition d'un acte aussitôt donné comme gratuit (« pour s'amuser »). Le choix de la périphrase « hommes d'équipage » plutôt que marins, mot connoté positivement, prépare d'entrée de jeu au tableau d'une société humaine brossée sous des traits peu flatteurs. L'harmonie profonde entre le navire et l'oiseau qui filent de concert, transcrite par les allitérations en /s/ (albatro**s**, va**s**tes, **s**uivent, glissent…) faisant entendre la vitesse et le vent qui siffle, est rompue par la cruauté de l'équipage.

Ce sont eux, en effet, qui provoquent le mélange de deux sphères qui ne devraient pas se rencontrer : d'où les antithèses qui fondent la deuxième et la troisième strophes (« rois de l'azur / maladroits et honteux ; voyageur ailé / gauche et veule ; si beau / comique et laid »). Processus que Baudelaire utilisera à nouveau pour un poème dédié en 1859 à Victor Hugo célébrant un autre oiseau majestueux, *Le Cygne*, qui, lui aussi « exilé », est dépeint comme « ridicule et sublime ». L'adverbe « piteusement », long de quatre syllabes et peu courant, se détache dans le vers pour résumer tout le grotesque de la situation, où l'oiseau, de roi de l'azur, se transforme en chose marine (« avirons »).

Deux parias

La troisième strophe est tout entière bâtie sur des exclamations conférant l'impression de saisir sur le vif les agissements cruels et grossiers des tortionnaires de l'oiseau (« un brûle-gueule », « mime en boitant »), qui n'ont pas de visage (« l'un », « l'autre »). Enfin, dans la dernière strophe, est mise en œuvre l'assimilation entre l'albatros qui a la plus grande envergure d'ailes de tous les oiseaux (jusqu'à 3,50 m !) et le Poète magnifié par sa majuscule. L'un comme l'autre, ainsi que le dénotent les deux derniers vers où la fusion entre l'humain et l'oiseau est parfaitement réalisée (« exilé [qui s'applique à un homme] / sur le sol ; ailes / marcher »), sont taillés pour l'élévation, l'infini. Tous deux sont inadaptés aux dimensions mesquines de l'univers terrestre, de la société des hommes, qui ne pourra que chercher à les tourner en dérision et à leur nuire (« au milieu des huées »). À l'issue de la démonstration rigoureusement menée, le présent de narration, choisi pour relater l'anecdote avec vivacité, s'est mué en présent de vérité générale pour délivrer une vision très sombre de la place réservée au poète dans le monde.

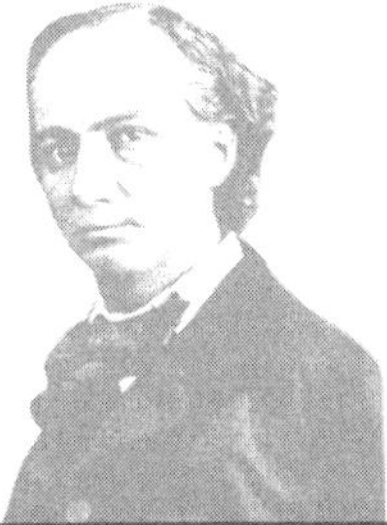

Troisième partie

AUTRES FACETTES DE BAUDELAIRE

Pour toi, mon cher lecteur du XXIe siècle, la cause est entendue : Baudelaire est l'auteur des *Fleurs du mal*, ces poëmes que tu apprécies autant pour leur musique incomparable que pour leur odeur de soufre !

Mais sais-tu que je fus surtout honoré par mes contemporains comme le traducteur à succès d'Edgar Allan Poe, et en tant que critique d'art qui, par ses choix intransigeants (Delacroix, Manet, Wagner), enseigna au public que *le beau est toujours bizarre*? Et qu'à mes propres yeux, je me sentais prêt à faire œuvre en prose tout autant qu'en vers : *je porte dans ma tête une vingtaine de romans et deux drames*, ainsi que je l'écrivais à ma mère en 1858. Les plans de leurs intrigues étaient clairement dessinés dans ma tête et j'avais même arrêté les titres de quelques-uns de mes romans : *L'Automate*, *La Négresse aux yeux bleus*, *Une brebis galeuse*, *Le Catéchisme de la femme aimée*, etc.

Faute d'avoir eu le temps d'exploiter cette riche veine où, j'en suis persuadé, *bon ou mauvais, tout se vend*, je te propose néanmoins de te divertir en lisant cette nouvelle pleine de promesses, que j'ai publiée en 1847. Il va sans dire que toute ressemblance du héros avec son auteur ne serait que pure coïncidence…

La Fanfarlo

Samuel Cramer, qui signa autrefois du nom de Manuela de Monteverde quelques folies romantiques, — dans le bon temps du romantisme — est le produit contradictoire d'un blême Allemand et d'une brune Chilienne. Ajoutez à cette double origine une éducation française et une civilisation littéraire, vous serez moins surpris, — sinon satisfait et édifié, — des complications bizarres de ce caractère. — Samuel a le front pur et noble, les yeux brillants comme des gouttes de café, le nez taquin et railleur, les lèvres impudentes et sensuelles, le menton carré et despote, la chevelure prétentieusement raphaélesque. — C'est à la fois un grand fainéant, un ambitieux triste, et un illustre malheureux; car il n'a guère eu dans sa vie que des moitiés d'idées. Le soleil de la paresse qui resplendit sans cesse au-dedans de lui, lui vaporise et lui mange cette moitié de génie dont le ciel l'a doué. Parmi tous ces demi-grands hommes que j'ai connus dans cette terrible vie parisienne, Samuel fut, plus que tout autre, l'homme des belles œuvres ratées ; — créature maladive et fantastique, dont la poësie brille bien plus dans sa personne que dans ses œuvres, et qui, vers une heure du matin, entre l'éblouissement d'un feu de charbon de terre et le tic-tac d'une horloge, m'est toujours apparu comme le dieu de l'impuissance, — dieu moderne et hermaphrodite, — impuissance si colossale et si énorme qu'elle en est épique !

Comment vous mettre au fait, et vous faire voir bien clair dans cette nature ténébreuse, bariolée de vifs éclairs, — paresseuse et entreprenante à la fois, — féconde en desseins difficiles et en risibles avortements ; — esprit chez qui le paradoxe prenait souvent les proportions de la naïveté, et dont l'imagination était aussi vaste que la solitude et la paresse absolues ? — Un des travers les plus naturels de Samuel était de se considérer comme l'égal de ceux qu'il avait su admirer ; après une lecture passionnée d'un beau livre, sa conclusion involontaire était : voilà qui est assez beau pour être de moi ! — et de là à penser : c'est donc de moi, — il n'y a que l'espace d'un tiret.

[...]

Fort honnête homme de naissance et quelque peu gredin par passe-temps, — comédien par tempérament, — il jouait pour lui-même et à huis clos d'incomparables tragédies, ou, pour mieux dire, tragi-comédies. Se sentait-il effleuré et chatouillé par la gaîté, il fallait se le bien constater, et notre homme s'exerçait à rire aux éclats. Une larme lui germait-elle dans le coin de l'œil à quelque souvenir, il allait à sa glace se regarder pleurer. Si quelque fille, dans un accès de jalousie brutale et puérile, lui faisait une égratignure avec une aiguille ou un canif, Samuel se glorifiait en lui-même d'un coup de couteau, et quand il devait quelques misérables vingt mille francs, il s'écriait joyeusement : « Quel triste et lamentable sort que celui d'un génie harcelé par un million de dettes ! »

D'ailleurs, gardez-vous de croire qu'il fût incapable de connaître les sentiments vrais, et que la passion ne fît qu'effleurer son épiderme. [...]

Du haut de sa solitude, encombrée de paperasses, pavée de bouquins et peuplée de ses rêves, Samuel apercevait souvent, se promenant dans une allée du Luxembourg, une forme et une figure qu'il avait aimées en province, — à l'âge où l'on aime l'amour. — Ses traits, quoique mûris et engraissés par quelques années de pratique, avaient la grâce profonde et décente de l'honnête femme; au fond de ses yeux brillait encore par intervalles la rêverie humide de la jeune fille. Elle allait et venait, habituellement escortée par une bonne assez élégante, et dont le visage et la tournure accusaient plutôt la confidente et la demoiselle de compagnie que la domestique. Elle semblait rechercher les endroits abandonnés, et s'asseyait tristement avec des attitudes de veuve, tenant parfois dans sa main distraite un livre qu'elle ne lisait pas.

Samuel l'avait connue aux environs de Lyon, jeune, alerte, folâtre et plus maigre. À force de la regarder et pour ainsi dire de la reconnaître, il avait retrouvé un à un tous les menus souvenirs qui se rattachaient à elle dans son imagination; il s'était raconté à lui-même, détail par détail, tout ce jeune roman, qui, depuis, s'était perdu dans les préoccupations de sa vie et le dédale de ses passions.

Ce soir-là, il la salua, mais avec plus de soin et plus de regards. En passant devant elle, il entendit derrière lui ce lambeau de dialogue :

« Comment trouvez-vous ce jeune homme, Manette ? — mais cela dit avec un ton de voix si distrait, que l'observateur le plus malicieux n'y eût rien trouvé à redire contre la dame.

— Mais je le trouve fort bien, Madame. — Madame sait que c'est M. Samuel Cramer ? »

Et sur un ton plus sévère : « Comment se fait-il que vous sachiez cela, Mariette ? »

C'est pourquoi le lendemain Samuel eut grand soin de lui rapporter son mouchoir et son livre, qu'il trouva sur un banc, et qu'elle n'avait pas perdus, puisqu'elle était près de là, regardant les moineaux se disputer des miettes, ou ayant l'air de contempler le travail intérieur de la végétation. Comme il arrive souvent entre deux êtres dont les destinées complices ont élevé l'âme à un égal diapason, — engageant la conversation assez brusquement, — il eut néanmoins le bonheur bizarre de trouver une personne disposée à l'écouter et à lui répondre.

[…]

Samuel ne s'étonna point de retrouver un ancien amour de jeunesse asservi au lien conjugal. Dans l'histoire universelle du sentiment, cela est de rigueur. Elle s'appelait Mme de Cosmelly, et demeurait dans une des rues les plus aristocratiques du faubourg Saint-Germain.

Le lendemain il la trouva, la tête inclinée par une mélancolie gracieuse et presque étudiée, vers les fleurs de la plate-bande, et lui offrit son volume des Orfraies, recueil de sonnets, comme nous en avons tous fait et tous lu, dans le temps où nous avions le jugement si court et les cheveux si longs.

[…]

« […] Vous souvient-il encore, Madame, des énormes meules de foin, si rapides à descendre, de la vieille nourrice si lente à vous poursuivre, et de la cloche si prompte à vous rappeler sous l'œil de votre tante, dans la grande salle à manger ? »

Mme de Cosmelly interrompit Samuel par un soupir, voulut ouvrir la bouche, sans doute pour le prier de s'arrêter, mais il avait déjà repris la parole.

« Ce qu'il y a de plus désolant, dit-il, c'est que tout amour fait toujours une mauvaise fin, d'autant plus mauvaise qu'il était plus divin, plus ailé à

son commencement. Il n'est pas de rêve, quelque idéal qu'il soit, qu'on ne retrouve avec un poupard glouton suspendu au sein ; il n'est pas de retraite, de maisonnette si délicieuse et si ignorée, que la pioche ne vienne abattre. Encore cette destruction est-elle toute matérielle ; mais il en est une autre plus impitoyable et plus secrète, qui s'attaque aux choses invisibles. Figurez-vous qu'au moment où vous vous appuyez sur l'être de votre choix, et que vous lui dites : Envolons-nous ensemble et cherchons le fond du ciel ! — une voix implacable et sérieuse penche à votre oreille pour vous dire que nos passions sont des menteuses, que c'est notre myopie qui fait les beaux visages, et notre ignorance les belles âmes, et qu'il vient nécessairement un jour où l'idole, pour le regard plus clairvoyant, n'est plus qu'un objet, non pas de haine, mais de mépris et d'étonnement !

— De grâce, Monsieur ! » dit Mme de Cosmelly.

[…]

J'attends de vous, monsieur Cramer, de vous, le savant, l'homme d'esprit, les conseils et peut-être les secours d'un ami.

« Vous savez qu'au temps où vous m'avez connue, j'étais une bonne petite fille, un peu rêveuse déjà comme vous, mais timide et fort obéissante ; que je me regardais moins souvent que vous dans la glace, et que j'hésitais toujours à manger ou à mettre dans mes poches les pêches et le raisin que vous alliez hardiment voler pour moi dans le verger de nos voisins. Je ne trouvais jamais un plaisir vraiment agréable et complet qu'autant qu'il fût permis, et j'aimais bien mieux embrasser un beau garçon comme vous devant ma vieille tante qu'au milieu des champs. La coquetterie et le soin que toute fille à marier doit avoir de sa personne ne me sont venus que tard. Quand j'ai su à peu près chanter une romance au piano, on m'a habillée avec plus de recherche, on m'a forcée à me tenir droite ; on m'a fait faire de la gymnastique, et l'on m'a défendu de gâter mes mains à planter des fleurs ou à élever des oiseaux. Il ne fut permis de lire autre chose que Berquin, et je fus menée en grande toilette au théâtre de l'endroit voir de mauvais opéras. Quand M. de Cosmelly vint au château, je me pris tout d'abord pour lui d'une amitié vive ; comparant sa jeunesse florissante avec la vieillesse un peu grondeuse de ma tante, je lui

trouvai de plus l'air noble, honnête, et il usait avec moi de la galanterie la plus respectueuse. Puis on citait de lui les traits les plus beaux : un bras cassé en duel pour un ami un peu poltron qui lui avait confié l'honneur de sa sœur, des sommes énormes prêtées à d'anciens camarades sans fortune ; que sais-je, moi ? Il avait avec tout le monde un air de commandement à la fois affable et irrésistible qui me dompta moi-même. Comment avait-il vécu avant de mener auprès de nous la vie de château ; avait-il connu d'autres plaisirs que de chasser avec moi ou de chanter de vertueuses romances sur mon mauvais piano ; avait-il eu des maîtresses ? Je n'en savais rien, et je ne songeais pas à m'en informer. Je me mis à l'aimer avec toute la crédulité d'une jeune fille qui n'a pas eu le temps de comparer, et je l'épousai, — ce qui fit à ma tante le plus grand plaisir. Quand je fus sa femme devant la religion et devant la loi, je l'aimai encore plus. — Je l'aimai beaucoup trop, sans doute. Avais-je tort, avais-je raison ? qui peut le savoir ? J'ai été heureuse de cet amour, j'ai eu tort d'ignorer qu'il pût être troublé. — Le connaissais-je bien avant de l'épouser ? Non, sans doute ; mais il semble qu'on ne peut pas plus accuser une honnête fille qui veut se marier de faire un choix imprudent, qu'une femme perdue de prendre un amant ignoble. L'une et l'autre, — malheureuses que nous sommes ! — sont également ignorantes. Il manque à ces malheureuses victimes, qu'on nomme filles à marier, une honteuse éducation, je veux dire la connaissance des vices d'un homme. Je voudrais que chacune de ces pauvres petites, avant de subir le lien conjugal, pût entendre dans un lieu secret, et sans être vue, deux hommes causer entre eux des choses de la vie, et surtout des femmes. Après cette première et redoutable épreuve, elles pourraient se livrer avec moins de danger aux chances terribles du mariage, connaissant le fort et le faible de leurs futurs tyrans. »

Samuel ne savait pas au juste où cette charmante victime en voulait venir ; mais il commençait à trouver qu'elle parlait beaucoup trop de son mari pour une femme désillusionnée.

Après avoir fait une pause de quelques minutes, comme si elle craignait d'aborder l'endroit funeste, elle reprit ainsi : « Un jour, M. de Cosmelly voulut revenir à Paris ; il fallait que je brillasse dans mon jour et que je fusse encadrée selon mes mérites. Une femme belle et instruite, disait-il, se doit à Paris. Il faut qu'elle sache poser devant le monde et faire tomber quelques-uns de ses rayons sur son mari. — Une femme qui a l'esprit noble et du bon sens sait qu'elle n'a de gloire à attendre ici-bas qu'autant qu'elle fait une partie de la gloire de son compagnon de voyage, qu'elle sert les vertus de son mari, et surtout qu'elle n'obtient de respect qu'autant qu'elle le fait respecter. — […] — À Paris, nous eûmes des jours réservés pour des intimes dont M. de Cosmelly s'ennuya à la longue, comme il s'était ennuyé de sa femme. Peut-être s'était-il un peu dégoûté d'elle, parce qu'elle avait trop d'amour; elle mettait tout son cœur en avant. Il se dégoûta de ses amis par la raison contraire. Ils n'avaient rien à lui offrir que les plaisirs monotones des conversations où la passion n'a aucune part. Dès lors, son activité prit une autre direction. Après les amis vinrent les chevaux et les jeux. Le bourdonnement du monde, la vue de ceux qui étaient restés sans entraves et qui lui racontaient sans cesse les souvenirs d'une jeunesse folle et occupée, l'arrachèrent au coin du feu et aux longues causeries. Lui, qui n'avait jamais eu d'autre affaire que son cœur, il eut des affaires. Riche et sans profession, il sut se créer une foule d'occupations remuantes et frivoles qui remplissaient tout son temps; les questions conjugales : — Où vas-tu ? — À quelle heure te reverra-t-on ? Reviens vite, — il fallut les refouler au fond de ma poitrine; car la vie anglaise, — cette mort du cœur, — la vie des clubs et des cercles, l'absorba tout entier. — Le soin exclusif de sa personne et le dandysme qu'il affecta me choquèrent tout d'abord; il est évident que je n'en étais pas l'objet. Je voulus faire comme lui, être plus que belle, c'est-à-dire coquette, coquette pour lui, comme il l'était pour le monde; autrefois j'offrais tout, je donnais tout, je voulus désormais me faire prier. Je voulais ranimer les cendres de mon bonheur éteint, en les agitant et en les retournant; mais il paraît que je suis bien malhabile à la ruse et bien gauche au vice, il ne daigna pas s'en apercevoir. — Ma tante, cruelle comme toutes les femmes vieilles et envieuses, qui sont réduites à admirer un spectacle où jadis elles furent actrices, et à contempler les jouissances qu'on leur refuse, eut grand soin de me faire savoir, par l'entremise intéressée d'un cousin de M. de Cosmelly, qu'il s'était épris d'une fille de théâtre fort en vogue. Je me fis conduire dans tous les spectacles, et toute femme un peu belle que je voyais entrer en scène, je tremblais d'admirer en elle ma rivale. Enfin j'appris, par une charité du même cousin, que c'était la Fanfarlo, une danseuse aussi bête que belle. — Vous qui êtes auteur, vous la connaissez sans doute. — Je ne suis pas très vaniteuse ni très fière de ma figure ; mais je vous jure, monsieur Cramer, que, maintes fois, la nuit, vers trois ou quatre heures du matin, fatiguée d'attendre mon mari, les yeux rouges de larmes et d'insomnies, après avoir fait de longues et suppliantes prières pour son retour à la fidélité et au devoir, j'ai demandé à Dieu, à ma conscience, à mon miroir, si j'étais aussi belle que cette misérable Fanfarlo. Mon miroir et ma conscience m'ont répondu : Oui. Dieu m'a défendu de m'en glorifier, mais non d'en tirer une légitime victoire. Pourquoi donc entre deux beautés égales, les hommes préfèrent-ils souvent la fleur que tout le monde a respirée, à celle qui s'est toujours gardée des passants dans les allées les plus obscures du jardin conjugal ? Pourquoi donc les femmes prodigues de leur corps, trésor dont un seul sultan doit avoir la clef, possèdent-elles plus d'adorateurs que nous autres, malheureuses martyres d'un amour unique ? De quel charme si magique le vice auréole-t-il certaines créatures ? Quel aspect gauche et repoussant leur vertu donne-t-elle à certaines autres? Répondez donc, vous qui, par état, devez connaître tous les sentiments de la vie et leurs raisons diverses! »

Samuel n'eut pas le temps de répondre, car elle continua ardemment :

« M. de Cosmelly a des choses bien graves sur la conscience, si la perte d'une âme jeune et vierge intéresse le Dieu qui la créa pour le bonheur d'une autre. Si M. de Cosmelly mourait ce soir même, il aurait bien des pardons à implorer; car il a, par sa faute, enseigné à sa femme d'affreux sentiments, la haine, la défiance de l'objet aimé et la soif de la vengeance. — Ah! Monsieur, je passe des nuits bien douloureuses, des insomnies bien inquiètes; je prie, je maudis, je blasphème. Le prêtre me dit qu'il faut porter sa croix avec résignation; mais l'amour en démence, mais la foi ébranlée ne savent pas se résigner. Mon confesseur n'est pas une femme, et j'aime mon mari, je l'aime, Monsieur, avec toute la passion et toute la douleur d'une maîtresse battue et foulée aux pieds. Il n'est rien que je n'aie tenté. Au lieu des toilettes sombres et simples auxquelles son regard se plaisait autrefois, j'ai porté des toilettes folles et somptueuses comme les femmes

de théâtre. Moi, la chaste épouse qu'il était allé chercher au fond d'un pauvre château, j'ai paradé devant lui avec des robes de fille ; je me suis faite spirituelle et enjouée quand j'avais la mort dans le cœur. J'ai pailleté mon désespoir avec des sourires étincelants. Hélas ! il n'a rien vu. J'ai mis du rouge, Monsieur, j'ai mis du rouge ! — Vous le voyez, c'est une histoire banale, l'histoire de toutes les malheureuses — un roman de province ! »

Pendant qu'elle sanglotait, Samuel faisait la figure de Tartufe empoigné par Orgon, l'époux inattendu, qui s'élance du fond de sa cachette, comme les vertueux sanglots de cette dame qui s'élançaient de son cœur, et venaient saisir au collet l'hypocrisie chancelante de notre poëte.

[…] Bref, elle fit de la coquetterie pour le bon motif, et notre jeune roué, qui était plus nigaud qu'un savant, promit d'arracher la Fanfarlo à M. de Cosmelly, et de le débarrasser de la courtisane, — espérant trouver dans les bras de l'honnête femme la récompense de cette œuvre méritoire.

[…]

Samuel alla au théâtre et se mit à étudier la Fanfarlo sur les planches. Il la trouva légère, magnifique, vigoureuse, pleine de goût dans ses accoutrements, et jugea M. de Cosmelly bien heureux de pouvoir se ruiner pour un pareil morceau.

Il se présenta deux fois chez elle, — une maisonnette à l'escalier velouté, pleine de portières et de tapis, dans un quartier neuf et verdoyant; mais il ne pouvait s'y introduire sous aucun prétexte raisonnable. [...] Il prit donc un parti simple et brutal; il fallait que la Fanfarlo vînt à lui. À cette époque, les articles d'éloges et de critiques avaient beaucoup plus de valeur que maintenant. Les facilités du feuilleton, comme disait récemment un brave avocat dans un procès tristement célèbre, étaient bien plus grandes qu'aujourd'hui; quelques talents ayant parfois capitulé avec les journalistes, l'insolence de cette jeunesse étourdie et aventureuse ne connut plus de bornes. Samuel entreprit donc, — lui qui ne savait pas un mot de musique, la spécialité des théâtres lyriques.

Dès lors la Fanfarlo fut hebdomadairement éreintée au bas d'une feuille importante. [...]

Si bien qu'après avoir dénigré pendant trois mois la Fanfarlo, il en devint éperdument amoureux, et qu'elle voulut enfin savoir quel était le monstre, le cœur d'airain, le cuistre, le pauvre esprit qui niait si opiniâtrement la royauté de son génie.

Il faut rendre cette justice à la Fanfarlo, qu'il n'y eut chez elle qu'un mouvement de curiosité, rien de plus. Un pareil homme avait-il réellement le nez au milieu du visage et était-il tout à fait conformé comme le reste de ses semblables? Quand elle eut pris une ou deux informations sur Samuel Cramer, qu'elle eut appris que c'était un homme comme un autre, de quelque sens et de quelque talent, elle comprit vaguement qu'il y avait là quelque chose à deviner, et que ce terrible article du lundi pouvait fort bien n'être qu'une sorte particulière de bouquet hebdomadaire, ou la carte de visite d'un opiniâtre solliciteur.

Il la trouva un soir dans sa loge. […]

« Mais quel insecte vous a donc piqué, Monsieur, pour me mordre à si belles dents? Quel affreux métier…

— Affreux, en effet, Madame… c'est que je vous adore.

— Je m'en doutais, répliqua la Fanfarlo. Mais vous êtes un monstre; cette tactique est abominable. Pauvres filles que nous sommes! ajouta-t-elle en

riant. — Flore, mon bracelet. — Donnez-moi le bras jusqu'à ma voiture, et dites-moi si vous m'avez trouvée bien ce soir ? »

Ils allèrent ainsi, bras dessus bras dessous, comme deux vieux amis ; Samuel aimait, ou du moins sentait son cœur battre fort. — Il fut peut-être singulier, mais à coup sûr cette fois il ne fut pas ridicule.

Dans sa joie, il avait presque oublié de prévenir Mme de Cosmelly de son succès, et de porter un espoir à son foyer désert.

Quelques jours après, la Fanfarlo jouait le rôle de Colombine dans une vaste pantomime faite pour elle par des gens d'esprit. […]

Le poëte était ravi ; il crut avoir devant les yeux le rêve de ses jours les plus anciens. Il eût volontiers gambadé dans sa loge d'une manière ridicule, et se fût cassé la tête contre quelque chose, dans l'ivresse folle qui le dominait.

Une calèche basse et bien fermée emportait rapidement le poëte et la danseuse vers la maisonnette dont j'ai parlé.

[…]

Quel est l'homme qui ne voudrait, même au prix de la moitié de ses jours, voir son rêve, son vrai rêve poser sans voile devant lui, et le fantôme adoré de son imagination faire tomber un à un tous les vêtements destinés à protéger contre les yeux du vulgaire ?

[...]

Le coup de tête de la danseuse avait fait son bruit. Il y avait eu plusieurs relâches sur l'affiche ; elle avait négligé les répétitions ; beaucoup de gens enviaient Samuel.

Un soir que le hasard, l'ennui de M. de Cosmelly ou une complication de ruses de sa femme, les avait réunis au coin du feu, — après un de ces longs silences qui ont lieu dans les ménages où l'on n'a plus rien à se dire et beaucoup à se cacher, — après lui avoir fait le meilleur thé du monde, dans une théière bien modeste et bien fêlée, peut-être encore celle du château de sa tante, — après avoir chanté au piano quelques morceaux d'une musique en vogue il y a dix ans, — elle lui dit avec la voix douce et prudente de la vertu qui veut se rendre aimable et craint d'effaroucher l'objet de ses affections, — qu'elle le plaignait beaucoup, qu'elle avait beaucoup pleuré, plus encore sur lui que sur elle-même ; qu'elle eût au moins voulu, dans sa résignation toute soumise et toute dévouée, qu'il pût trouver ailleurs que chez elle l'amour qu'il ne demandait plus à sa femme ; qu'elle avait plus souffert de le voir trompé que de se voir délaissée ; que d'ailleurs il y avait beaucoup de sa propre faute, qu'elle avait oublié ses devoirs de tendre épouse, en n'avertissant pas son mari du danger ; que, du reste, elle était toute prête à fermer cette plaie saignante et à réparer à elle seule une imprudence commise à deux, etc., — et tout ce que peut suggérer de paroles mielleuses une ruse autorisée par la tendresse. — Elle pleurait et pleurait bien ; le feu éclairait ses larmes et son visage embelli par la douleur.

M. de Cosmelly ne dit pas un mot et sortit. Les hommes pris au trébuchet de leurs fautes n'aiment pas faire à la clémence une offrande de leurs remords. S'il alla chez la Fanfarlo, il y trouva sans doute des vestiges de désordre, des bouts de cigares et des feuilletons.

Un matin, Samuel fut réveillé par la voix mutine de la Fanfarlo, et leva lentement sa tête fatiguée de l'oreiller où elle reposait, pour lire une lettre qu'elle lui remit :

*« Merci, Monsieur, mille fois merci ; mon bonheur et ma reconnaissance vous seront comptés dans un meilleur monde. J'accepte. Je reprends mon mari de vos mains, et je l'emporte ce soir à notre terre de C***, où je vais retrouver la santé et la vie que je vous dois. Recevez, Monsieur, la promesse d'une amitié éternelle. Je vous ai toujours cru trop honnête homme pour ne pas préférer une amitié de plus à toute autre récompense. »*

Samuel, vautré sur de la dentelle, et appuyé sur une des plus fraîches et des plus belles épaules qu'on pût voir, sentit vaguement qu'il était joué, et eut quelque peine à rassembler dans sa mémoire les éléments de l'intrigue dont il avait amené le dénouement ; mais il se dit tranquillement : Nos passions sont-elles bien sincères ? qui peut savoir sûrement ce qu'il veut et connaître au juste le baromètre de son cœur ?

« Que murmures-tu là ? qu'est-ce que c'est que ça ? je veux voir, dit la Fanfarlo.

— Ah ! rien, fit Samuel. — Une lettre d'honnête femme à qui j'avais promis d'être aimé de toi.

— Tu me le paieras », dit-elle entre ses dents.

Il est probable que la Fanfarlo a aimé Samuel, mais de cet amour que connaissent peu d'âmes, avec une rancune au fond. Quant à lui, il a été puni par où il avait péché. Il avait souvent singé la passion ; il fut contraint de la connaître ; mais ce ne fut point l'amour tranquille, calme et fort qu'inspirent les honnêtes filles, ce fut l'amour terrible, désolant et honteux, l'amour maladif des courtisanes. Samuel connut toutes les tortures de la jalousie, et l'abaissement et la tristesse où nous jette la conscience d'un mal incurable et constitutionnel, — bref, toutes les horreurs de ce mariage vicieux qu'on nomme le concubinage. — Quant à elle, elle engraisse tous les jours ; elle est devenue une beauté grasse, propre, lustrée et rusée, une espèce de lorette ministérielle. — Un de ces jours elle fera ses pâques et rendra le pain bénit à sa paroisse. À cette époque peut-être, Samuel, mort à la peine, sera cloué sous la lame, comme il le disait en son bon temps, et la Fanfarlo, avec ses airs de chanoinesse, fera tourner la tête d'un jeune héritier. — En attendant, elle apprend à faire des enfants ; elle vient d'accoucher heureusement de deux jumeaux. — Samuel a mis bas quatre livres de science […]. — La Fanfarlo veut que son amant soit de l'Institut, et elle intrigue au ministère pour qu'il ait la croix.

Pauvre chantre des Orfraies! Pauvre Manuela de Monteverde! — Il est tombé bien bas. — J'ai appris récemment qu'il fondait un journal socialiste et voulait se mettre à la politique. — Intelligence malhonnête! — comme dit cet honnête M. Nisard.

Index des textes cités